*Das Kunstschöne
in Hegels Ästhetik
am Beispiel der Musik*

von

Veit-Justus Rollmann

Tectum Verlag
Marburg 2005

Rollmann, Veit-Justus:
Das Kunstschöne in Hegels Ästhetik
am Beispiel der Musik
/ von Veit-Justus Rollmann
- Marburg : Tectum Verlag, 2005
Coverabbildung: Zeichnung vom Autor
(einer Darstellung Hegels nachempfunden)
ISBN 978-3-8288-8921-7

© Tectum Verlag

Tectum Verlag
Marburg 2005

Vorwort

Ich möchte an dieser Stelle nichts Inhaltliches vorwegnehmen, sondern vielmehr jenen Menschen und Institutionen meinen Dank aussprechen, durch deren Unterstützung die Entstehung dieser Schrift befördert worden ist. Neben meinem Lehrer Professor Dr. Burkhard Tuschling ist dies vor allem meine Lebensgefährtin Annika Enters, der ich für ihren Rat, mehr aber für ihre Geduld danken möchte. Darüber hinaus gilt mein Dank der Bibliothek der Musikwissenschaftlichen Fakultät an der Philipps-Universität Marburg und Frau Elvira Fietzner sowie den Lehrenden an diesem Institut.

Einleitung 5
1. Die Musikästhetik in Kants Kritik der Urteilskraft 11
2. Hegels Vorlesungen über die Ästhetik 27
   2.1. Hegels Einleitung in die Ästhetik 28
   2.2. Das Ideal: Die Idee des Schönen 41
      2.2.1. Die Ruhe des Ideals 48
   2.3. Das Ideal in der Geschichte: Hegels Lehre von den Kunstformen 52
      2.3.1. Die symbolische Kunstform 53
      2.3.2. Die klassische Kunstform 56
      2.3.3. Die romantische Kunstform 64
   2.4. Hegels Lehre von den Kunstgattungen 68
      2.4.1. Die Architektur 69
      2.4.2. Die Bildhauerei 71
      2.4.3. Die Malerei 72
      2.4.4. Die Poesie 74
3. Musik als kadenzierte Interjektion: Die Musikästhetik
   G.W.F. Hegels 76
   3.1 Vom Verhältnis der Musik zu den übrigen Künsten:
       Gleichheit, Differenz, Wertigkeit 76
      3.1.1 Musik und Architektur 77
      3.1.2 Musik und Skulptur 79
      3.1.3 Musik und Malerei 81
      3.1.4 Musik und Poesie 83
   3.2 Von den primären Bestimmungen der Musik:
       Material, Anschauungsform, Inhalt 84
      3.2.1 Vom Material der Musik: Ton und Klang 85
      3.2.2 Von der Anschauungsform der Musik: Musik als Zeitkunst...89
      3.2.3. Vom Inhalt der Musik: Hegels Auffassung der
             Instrumental- und Vokalmusik 91
   3.3 Von den sekundären Bestimmungen der Musik:
       Quantitative und qualitative Eigengesetzlichkeiten
       musikalischer Expression 102
      3.3.1 Zeitmaß, Takt, Rhythmus 102
      3.3.2. Harmonik 105
      3.3.3 Melodik 108
   3.4. Hegels Begriff der Musik als „kadenzierte Interjektion" 111

Schlußbetrachtung 114

Literaturverzeichnis 119
   Primärliteratur 119
   Sekundärliteratur 119

Einleitung

Betrachtet man die geschichtliche Entwicklung des philosophischen Denkens, so zeigt sich, daß theoretische Überlegungen zum Wesen der Schönheit in Natur oder Kunst, vom wo auch immer zu verortenden Anbeginn der Philosophie bis in unsere Zeit, Bestandteil desselben waren und sind. Dessen ungeachtet war es jedoch erst das Verdienst der deutschen Schulphilosophie und der Person Alexander Gottlieb Baumgartens, der Wissenschaft vom Schönen ein eigenes Teilgebiet innerhalb der philosophischen Universalwissenschaft einzuräumen. Jener war es auch, der seinem 1750 erschienenen Werk erstmals den am griechischen Zeitwort αισθανομαι[1] = ‚durch die Sinne wahrnehmen'[2] angelehnten Namen „Aesthetica" gab; eine Namensgebung, die, wie Carl Dahlhaus schreibt, ihren Urheber berühmter machte, als dessen ästhetische Schrift selbst.[3] Gegenstand Baumgartenscher Ästhetik war noch nicht einzig die artifizielle Schönheit, wie es später und seit Hegel mit Ausschließlichkeit der Fall war. Sie umfaßte als Wissenschaft der unteren Erkenntnispotentiale die physikalische Akustik und Optik und ließ sich als philosophische Betrachtung des Sinnfälligen in seiner Gesamtheit charakterisieren. In Hegels Ästhetik wird zwar ebenfalls die natürliche Schönheit abgehandelt; dies geschieht jedoch in erster Linie zu dem Zweck, ihre Unvollkommenheit gegenüber einer aus dem Geist hervorgegangenen künstlichen, oder besser künstlerischen Schönheit aufzuweisen.

Ziel der hiermit vorgelegten Arbeit ist es, die Ästhetik Georg Wilhelm Friedrich Hegels unter besonderer Berücksichtigung der Musikästhetik in ihren systematischen Grundzügen darzustellen. Grundlage dieser Darstellung sind, nicht zuletzt aufgrund des projizierten Umfanges meiner Untersuchung, einzig die *Vorlesungen über die Ästhetik*, wie Hegel sie in den Jahren 1817 und 1819 in Heidelberg und später in den

---

[1] Anm. d. Verf.: in dieser Studie vorkommende griechische Bezeichnungen wurden mit dem Buchstabensatz „Symbol" in MS Word erstellt. Das Fehlen wichtiger diakritischer Zeichen des Griechischen wie bspw. des Spiritus lenis und asper bitte ich hiermit zu entschuldigen.

[2] vgl. Pape, Wilhelm, Griechisch-Deutsches Handwörterbuch. Nachdruck der dritten Auflage. Erster Band A-K, Akademische Druck- und Verlagsanstalt, Graz, 1954, S. 61; auch als αισθησις = der Sinn, die Sinnenwerkzeuge, die sinnliche Wahrnehmung.

[3] vgl. Dahlhaus, Carl, Musikästhetik, Laaber Verlag, Laaber, 1986, S. 9.

Semestern 1820/21, 1823, 1826 und 1828/29 im Zuge seiner Berliner Lehrtätigkeit abhielt.[4] Im Gegensatz zu anderen Teilgebieten der Philosophie veröffentlichte Hegel im Falle der Ästhetik keine Grundlagenschrift, kein Lehrbuch der Wissenschaft vom Schönen, wie er es bspw. im Falle der Rechts- und Staatsphilosophie mit den *Grundlinien zur Philosophie des Rechts* getan hatte. In Buchform erschienen die *Vorlesungen* erst vier Jahre nach Hegels Ableben; bearbeitet und ediert durch Hegels Schüler Heinrich Gustav Hotho 1835 in erster und 1842 in zweiter, neuerlich revidierter Auflage. Nach eigenen Angaben verwendete Hotho für die systematisierende Rekonstruktion der Gedanken Hegels in erster Linie ein Kollegheft aus dem Jahre 1820. Bei dieser Schrift handelte es sich um die bereits stark abgeänderte Fassung einer ähnlichen Vorlesungsgrundlage von 1818, in welche Hegel in den weiteren Semestern Änderungen in Loseblattform einschaltete.[5]

Auf Basis dieser späten Ästhetik der Hegelschen *Vorlesungen*, in ihrer durch Hotho geschaffenen Textgestalt, sollen im Rahmen meiner Arbeit zuallererst die wichtigsten allgemeinästhetischen Grundgedanken Hegels aufgezeigt werden. Diese umfassen, neben anfänglichen, aber nichtsdestoweniger bedeutenden Eingrenzungen des Gegenstandes philosophischer Ästhetik, wie sie Bestandteil von Hegels *Einleitung in die Ästhetik* sind, in erster Linie die zentrale Definition des Ideals als der Hegelschen Idee des Schönen. Im Anschluß daran soll in knapper Form auf die Kunstformenlehre und somit die Entfaltung der Kunstgeschichte aus dem Begriff des Ideals eingegangen werden. Im Zusammenhang mit der Lehre von den Kunstformen wird auch die, in der Sekundärliteratur kontrovers diskutierte These vom Vergangenheitscharakter oder vom "Tod der Kunst" in ihrem Für und Wider reflektiert werden. Den Abschluß des allgemeinen ersten Teiles bildet die Gattungslehre Hegels und dessen hierarchische Anordnung der Einzelkünste.

Im zweiten Teil dieser Arbeit wird die musikalische Gattung, wie sie im Kontext der *Vorlesungen über die Ästhetik* beschrieben wird, ausführlicher untersucht werden. Neben einem In-Beziehung-Setzen der Musik zu den übrigen Künsten und einer Analyse des musikalischen ‚Materials' wird es um die, der musikalischer Kunst immanenten Eigengesetzlichkeiten gehen. Hierzu zählen sowohl quantitative Be-

---

[4] vgl. bspw. Mayer, Günter, Hegel und die Musik, in: Beiträge zur Musikwissenschaft. 13. Jahrgang 1971, Nr. 3, S.153.

[5] vgl. Hotho, Heinrich Gustav, Vorreden zur ersten und zweiten Auflage, in: Hegel, G.W.F., Einleitung in die Ästhetik (Separatausgabe), Fink, München, 1985.

stimmungen wie Metrum und Rhythmik, als auch qualitative wie Harmonie und Melodik. Den Schlußpunkt meiner Studie wird eine Darstellung der Hegelschen Wesensbestimmung der Musik als **kadenzierte Interjektion** bilden.

Obwohl hiermit bereits das Wichtigste zur Gliederung gesagt sein dürfte, bedarf es noch einer Erklärung. So mag es den Leser auf den ersten Blick verwundern, zu Beginn einer Untersuchung Hegelscher Ästhetik im Allgemeinen und dessen Musikästhetik im Speziellen mit einer Darstellung Kantischer Musikphilosophie konfrontiert zu werden. Die Gründe hierfür möchte ich kurz erläutern. Hegel selbst widmet der Kantischen Philosophie ein eigenes, wenn auch kurzes Unterkapitel seiner *Einleitung in die Ästhetik*. Er tut dies nach meinem Dafürhalten nicht zuletzt wegen der Direktheit seiner Weiterentwicklung der Gedanken Kants. So ist offenbar, „daß von Kant her das Kunstschöne vor das Naturschöne tritt".[6] Auch die Versöhnung entzweiter Wirklichkeit als Zweck schöner Kunst ist bei Kant als Gedanke vorhanden.[7] Darüberhinaus sind gerade die wenigen Passagen, die Immanuel Kant im Rahmen seiner dritten Kritik der Musik widmet, ein Beleg dafür, daß im Kantischen Denken sowohl der formalästhetische, wie auch der gehaltsästhetische Ansatz parallel vorgebildet und sozusagen gemeinsam in nuce angelegt erscheinen. Abhängig von dem Kriterium, nach welchem die Musik bei Kant bewertet wird, sei es durch das reine ästhetische Geschmacksurteil oder durch die Vernunft, tritt jeweils einer der Ansätze stärker in den Vordergrund. Allgemein stellt sich die Musikästhetik Kants als eine gute Folie dar, um vor dieser die ästhetischen Grundgedanken Hegels vorstellig zu machen. Somit stellt das Kant gewidmete Kapitel zu Beginn eine Aufweitung der Einleitung in den Themenbereich, bzw. in die ästhetischen Auffassungen des späteren 18. bis 19. Jahrhunderts dar, wobei jedoch von Verfasserseite zu betonen ist, daß die Ausführungen aufgrund ihres eher hinführenden Charakters keinen Anspruch auf Vollständigkeit erheben.

Bevor ich nunmehr in medias res gehen werde, bedarf es noch einiger weiterer klärender Anmerkungen. Aufgrund des angestrebten Umfanges und der Zielsetzung dieser Arbeit kann und wird es im Folgenden nicht darum gehen, eine ausführliche Analyse der systematischen Grundlehren Hegels vorzunehmen. Hierzu würde bspw. eine genaue Betrachtung der Geistphilosophie im Kontext der Enzyklopädie gehö-

---

[6] Ritter, Joachim, Ästhetik, in: Ritter, Joachim, Gründer, Karlfried (Hrgg.), Historisches Wörterbuch der Philosophie. Band 1: A-C, Wissenschaftliche Buchgesellschaft, Darmstadt, 1971, S. 567.

[7] vgl. ebd.

ren, die klären könnte, ob Hegel, wenn er vom absoluten Geist zu sprechen kommt, Metaphysik im „vorkritischen Verstande"[8] oder im Sinne einer vollständigen Umgestaltung der Metaphysik betreibt. Durchaus berechtigte Fragen dieser Art müssen in der hier vorgelegten Untersuchung der gleichermaßen berechtigten Eingrenzung des Gegenstandsbereiches geopfert werden. Es erscheint zwar nahezu unmöglich, innerhalb eines kohärenten Systemganzen, wie es die Philosophie Hegels darstellt, einer Totalität, in der sich kontinuierlich eines aus dem anderen entfaltet, klare Grenzziehungen vorzunehmen; dennoch ist es Hegel selbst, der in vielen Teilbereichen seiner Philosophie die Notwendigkeit ähnlicher Abtrennungen des Vorangegangenen zugunsten der Definition des Gegenstandes betont und berücksichtigt. Ein Beispiel für eine dergestalte Maßnahme liefert die Rechtsphilosophie. Im zweiten Paragraphen der *Grundlinien* formuliert Hegel den hier skizzierten Umstand wie folgt:

> Der Begriff des Rechts fällt daher seinem Werden nach außerhalb der Wissenschaft des Rechts, seine Deduktion ist hier vorausgesetzt, und er ist als gegeben anzunehmen.[9]

Doch nicht nur im Bereiche des Rechts, sondern auch in den dieser Arbeit zugrundegelegten *Vorlesungen über die Ästhetik* klammert Hegel jene Systemabschnitte aus, die zwar den Kunstbegriff in seiner Entstehung bedingen, nicht aber explizit zum Gegenstandsbereich seiner Kunstphilosophie gehören. Er schreibt hierzu im Kontext der *Einleitung*:

> Wenn von unserem Gegenstande, dem Kunstschönen, die Notwendigkeit aufgezeigt werden soll, so wäre zu beweisen, daß die Kunst oder das Schöne ein Resultat von Vorhergehendem sei, das [...] mit wissenschaftlicher Notwendigkeit zum Begriffe der schönen Kunst hinüberführt. Indem wir nun aber von der *Kunst* anfangen, *ihren* Begriff und dessen Realität, nicht aber das [...] ihr Vorangehende in seinem Wesen abhandeln wollen,

---

[8] Zander, Hartwig, Hegels Kunstphilosophie. Eine Analyse ihrer Grundlagen und ihrer Aktualität, A. Henn, Ratingen, 1970, S.17.

[9] Hegel, G. W. F., Grundlinien der Philosophie des Rechts, Werke in 20 Bänden. Theorie Werkausgabe Bd. 7, Auf der Grundlage der Werke von 1832-45 neu edierte Ausgabe. Redaktion Eva Moldenhauer und Karl Markus Michel, Suhrkamp, Frankfurt, 2000, S. 30.

so hat die Kunst für uns als besonderer wissenschaftlicher Gegenstand eine Voraussetzung, die außerhalb unserer Betrachtungen liegt und, als ein anderer Inhalt wissenschaftlich abgehandelt, einer anderen philosophischen Disziplin angehört.[10]

Zur Frage, ob und inwiefern Zanders Kritik, Hegel mache sich an dieser Stelle zum „rigorosen Fürsprecher" gewisser, in der systematischen Praxis undurchführbarer „philosophischer Regionallehren"[11], berechtigt ist, kann hier nur in äußerster Knappheit Stellung bezogen werden. Es versteht sich, daß Hegel nicht auf alle Voraussetzungen seiner kunstphilosophischen Begrifflichkeiten in extenso eingeht. Dies würde zu Unübersichtlichkeit innerhalb der Ästhetik führen. Dennoch sind allen seinen Termini deren systematische Bedingtheiten immanent. Es gibt ein System, an bzw. in dem sich Teilbereiche abstecken lassen, die zwar separiert betrachtbar, deswegen aber noch lange nicht aus dem Gesamtzusammenhang des einen Systems herausgelöst erscheinen.

Was die verwendete Primärliteratur angeht, habe ich mich nach anfänglichem Zweifel für die etwas ungebräuchliche, weil arbeitsintensivere Vorgehensweise einer Doppelzitation entschieden. Betrachtet man den Bereich der Sekundärliteratur zu Hegels Ästhetik allgemein, resp. der darin enthaltenen musikbezogenen Ansichten, wird augenscheinlich, daß bis vor wenigen Jahren die meisten Autoren nach der von Friedrich Bassenge in zwei Bänden besorgten Einzelausgabe (in meiner Abkürzung AE I/II) zitieren. In neuerer Zeit tritt jedoch immer häufiger die bei Suhrkamp erscheinende Theorie-Werkausgabe in 20 Bänden, die nicht zuletzt aufgrund ihres günstigen Anschaffungspreises zur meist genutzten Studienausgabe der Werke Hegels avanciert, als Textgrundlage der sekundärliterarischen Publikationen in Erscheinung. Um diese Entwicklung zu berücksichtigen, erscheint in den sich auf den Primärtext beziehenden Zitaten zuerst die Ausgabe von Bassenge in Form der oben erwähnten Abbreviatur. Im Anschluß daran findet sich unter der Abkürzung SU I/II/III der Hinweis auf den

---

[10] Bassenge, Friedrich (Hrg.), Hegel, G. W. F., Ästhetik (2 Bde.). Mit einer Einführung von Georg Lukács. Nach der zweiten Ausgabe Heinrich Gustav Hothos (1842) redigiert und mit einem ausführlichen Register versehen von Friedrich Bassenge, Europäische Verlagsanstalt, Frankfurt, 1955; im Folgenden: AE I (II), S. 35//Hegel, G. W. F., Vorlesungen über die Ästhetik I (II/III);Werke in zwanzig Bänden. Theorie Werkausgabe Bd. 13 (14, 15). Suhrkamp, Frankfurt, 1970, im Folgenden: SU I (II, III), S. 42.

[11] Zander, S. 26.

Fundort in den Bänden 13 (I), 14 (II) und 15 (III) der Suhrkamp Theorie-Werkausgabe.

1. Die Musikästhetik in Kants Kritik der Urteilskraft

Bereits innerhalb der Einleitung zu dieser Arbeit wurde auf die gebotene Kürze der philosophiehistorischen und systematischen Vorabinformationen, die im Kontext dieses Kapitels zur (Musik-) Ästhetik Immanuel Kants gegeben werden, hingewiesen. Es geht hier keinesfalls um eine vollständige Analyse aller ästhetischen Grundbegriffe Kants und ebensowenig um eine zusammenfassende Darstellung seiner *Kritik der Urteilskraft*[12]. Letztere stellt, betrachtet man die *Kritik der reinen Vernunft* als Erkenntnis- bzw. Wissenschaftstheorie und die *Kritik der praktischen Vernunft* als Ethik, zweifelsohne die maßgebliche ästhetische Publikation des Königsberger Philosophen dar[13]. Kant bearbeitete die Schrift in den Jahren 1787 und 1788 und stellte sie 1789 fertig. Obwohl er die Drucklegung bereits im Herbst 1789 geplant hatte, erschien die erste Auflage erst zu Ostern 1790; eine zweite Auflage folgte 1792. Unsere Zielsetzung ist es nunmehr, innerhalb der KdU jene Abschnitte, in denen sich Kant explizit zur Ästhetik der Musik äußert, genauer zu untersuchen. Im Hinblick auf Hegels *Vorlesungen über die Ästhetik* wird dabei vor allem die Stellung, die nach Meinung Kants der Musik im Spektrum der Kunstgattungen zukommt, Gegenstand unserer Betrachtungen sein. Hierzu gehört die Kantische Musikdefinition und die daraus zu schließende Valenz der Musik, aus der sich eben diese Einordnung in die Gattungsfolge ergibt. Die grundlegenden ästhetischen Theorien Kants zum Schönen als Selbstzweck oder zum Verhältnis von Naturschönem und Schönheit in der Kunst werden nur insoweit untersucht, als sie den musikästhetischen Äußerungen eingefaltet sind oder aber zum Verständnis derselben unerläßlich erscheinen. Ein Vergleich der Begriffe des Schönen und des Erhabenen, an und für sich notwendiger Bestandteil jeder Untersuchung der Kantischen Kunstphilosophie, fällt in unserer Arbeit dem angestrebten Umfang derselben zum

---

[12] verwendete Ausgabe: Kants Werke. Akademie Textausgabe Bd. V. Kritik der praktischen Vernunft. Kritik der Urteilskraft, De Gruyter, Berlin 1968, im Folgenden: KdU.

[13] Anm. d. Verf.: Bereits im Jahre 1764 war Kants kleine Schrift Beobachtungen über das Gefühl des Schönen und des Erhabenen erschienen, die jedoch im Kontext dieser Untersuchung nicht rezipiert werden soll. Grund hierfür sind nicht zuletzt starke inhaltliche Modifikationen, die Kants spätere ästhetische Veröffentlichungen von dieser unterscheiden; vgl. hierzu: Müller, Ruth E., Erzählte Töne. Studien zur Musikästhetik im späten 18. Jahrhundert, in: Eggebrecht, Hans Heinrich (Hrg.), Beihefte zum Archiv für Musikwissenschaft Bd. XXX, Franz Steiner Verlag, Stuttgart, 1989, S. 104.

Opfer. Nachfolgend soll dennoch eine kurze Erklärung der in Bezug auf unseren Gegenstand wichtigsten allgemeinen ästhetischen Begrifflichkeiten vorgenommen werden.

Innerhalb der Staffelung menschlicher Erkenntnispotentiale behauptet die Urteilskraft eine mittlere Stellung zwischen dem Verstand und der Vernunft.[14] Derartig positioniert fällt sie Geschmacksurteile, i.e. sie schreibt einem Gegenstand zu, er sei schön oder aber er sei dies nicht. Hierbei verfährt sie nicht logisch, wie im Falle eines objektbezogenen Erkenntnisurteils, sondern ästhetisch, „worunter man dasjenige versteht, dessen Bestimmungsgrund nicht anders als subjektiv sein kann".[15] Wenn das Subjekt im Geschmacksurteil einem Gegenstand attestiert, er sei schön, so verortet Kant diese ästhetische Beurteilung ebenfalls in der Mitte zwischen den Prädikaten "angenehm" und "gut". Obwohl eine Erläuterung dieser Zuschreibungen für eine sehr kurz gefaßte summarische Darstellung der musikbezogenen Äußerungen Kants im Kontext der KdU nicht zwingend notwendig erscheint, möchte ich dennoch in aller Kürze auf das Angenehme und das Gute eingehen; dies nicht zuletzt aufgrund des Umstandes, daß gerade in der Absetzung von anderen möglichen Beurteilungen eines Objektes die Bestimmtheit des ästhetischen Geschmacksurteils deutlicher hervortritt. „Angenehm", so Kant im Paragraphen drei der *Analytik des Schönen*, „ist das, was den Sinnen in der Empfindung gefällt"[16]. Kant betont die Wichtigkeit einer Differenzierung der möglichen Bedeutungen von Empfindung. Im allgemeinen Sprachgebrauch kann mit Empfindung zum Einen eine gegenstandsbezogene, sinnlich vermittelte Vorstellung gemeint sein. – *Beispielsweise stellt sich beim Betasten einer Wolldecke eine sinnlich, in diesem speziellen Falle haptisch vermittelte Vorstellung des Gegenstandes ein.* – Des weiteren kann aber auch die subjektive Beurteilung des Eindrucks allgemeinsprachlich Empfindung genannt werden. – *Um beim vorigen Beispiel zu bleiben, wäre diese meine positive subjektive Gestimmtheit der weichen Decke gegenüber.* – Um möglichen Fehlinterpretationen vorbeugend zu begegnen plädiert Kant dafür, die bloß subjektive Empfindung, durch die wir keine empirische Erkenntnis des Gegenstandes haben, mit dem Wort „Gefühl"[17] zu kennzeichnen. Der angenehme Sinneseindruck affiziert als solcher das Begehrungsvermögen des empfindenden Subjekts. Dies resultiert aus dem Gefallen, das wir an dem Objekt der Empfindung haben und das

---

[14] KdU, Einleitung III, S. 177.
[15] KdU, §1, S. 203. (Hervorhebungen vom Herausgeber)
[16] KdU, §3, S. 205. (Hervorhebungen vom Herausgeber)
[17] vgl. KdU, §3, S. 206.

eben sinnliches Vergnügen und kein positives Gefühl selbigem Ding gegenüber darstellt. Kant schreibt dazu: „Es ist nicht bloßer Beifall, den ich ihm [dem Objekt, d. Verf.] widme, sondern Neigung wird dadurch erzeugt".[18] Das Subjekt der Empfindung hat ein Interesse an dem Gegenstand. Dieser Umstand nun verbindet seinerseits das Angenehme mit dem Guten. Auch hier bestimmt ein Interesse, ein In-Beziehung-Setzen der eigenen Existenz zu der des Gegenstandes das Verhältnis diesem gegenüber. „Gut ist das, was vermittelst der Vernunft durch den bloßen Begriff, gefällt".[19] Kant differenziert in diesem Abschnitt zwischen einer Sache, die als solche einen Selbstzweck darstellt, i.e. für sich allein aufgrund ihrer Bedeutung für gut bewertet wird und einer Sache, die uns als Mittel zur Erreichung bestimmter Zwecke gut erscheint und somit gut im Sinne von nützlich oder zweckdienlich ist. Auch im Falle des Guten läßt das empfindende Subjekt den Gegenstand nicht frei für sich bestehen, sondern bezieht, wie bereits beim Angenehmen, die Existenz des Dinges auf die eigene. Kant formuliert wie folgt:

> In beiden [dem Guten und dem Angenehmen, d. Verf.] ist immer [...] ein Wohlgefallen am Dasein eines Objekts oder einer Handlung, d.i. irgendein Interesse enthalten.[20]

Im Folgepassus der Analytik betont Kant den artbildenden Unterschied der Bewertungen. Bezeichnen auch alle drei Begriffe „Verhältnisse der Vorstellungen zum Gefühl der Lust und Unlust"[21], so ist im Vergleich mit den anderen beiden Prädikaten das Schöne begriff- oder auch zwecklos und somit kein Gegenstand eines vernünftigen Interesses wie im Falle des Guten. Genausowenig ist es, wie beim Angenehmen festgestellt wurde, Objekt sinnlich vermittelter Begierde. Diesen Aspekt betont auch Hegel im Kontext seiner *Einleitung*. Dort schreibt er:

---

[18] KdU, §3, S. 207.
[19] KdU, §4, S. 207. (Hervorhebungen vom Herausgeber)
[20] KdU, §4, S. 207. (Hervorhebungen vom Herausgeber)
[21] KdU, §5, S. 209.

> In solchem Verhältnis nun der Begierde steht der Mensch zum Kunstwerk nicht. Er läßt es als Gegenstand frei für sich existieren und bezieht sich begierdelos darauf.[22]

Festzuhalten ist demnach von den allgemeinen Bestimmungen des Schönen, daß es α) ohne Interesse und β) ohne Begriff gefällt. Wir begehren es nicht aufgrund des sinnlichen Vergnügens, das uns der Gegenstand bereitet, noch aufgrund eines bestimmten Zweckes den das Objekt darstellt oder zu dessen Realisation es uns dienlich erscheint.

Nur soviel sei an dieser Stelle zu dem allgemeinen Begriff des Schönen und zur Bestimmtheit des ästhetischen Geschmacksurteils angemerkt. Daran anschließend geht es nunmehr darum, die spezifisch musikästhetischen Aussagen Kants zusammenfassend darzustellen.

Es sind nur wenige und recht kurze Abschnitte, die Kant in der KdU der Musik widmet. Wenn im Folgenden gelegentlich von „musikästhetischen Notizen"[23] gesprochen wird, so ist diese Formulierung in keiner Weise als Bewertung der inhaltlichen Dichte jener Passagen aufzufassen.

Im 14. Paragraphen beschäftigt sich Kant mit der Frage, ob bereits ein einzelner Ton als solcher schön genannt werden kann; innerhalb normalsprachlicher Diskurse ist dies durchaus Usus. Er verneint diese Möglichkeit und verweist hierzu auf die Reinheit des ästhetischen Geschmacksurteils. Rein bedeutet, die Beurteilung ist unabhängig von sinnlichen Reizen, von einer Empfindung im obigen Sinne. Der einzelne Ton ist jedoch nach Kant eine Affizierung der Sinnlichkeit und somit angenehm, nicht aber schön. Sinnenurteile sind „materiale ästhetische Urteile"[24], während das reine Geschmacksurteil sich allein auf formale Gesichtspunkte bezieht. Im Bereich der bildenden Kunst ist dieser formale Gesichtspunkt in der Zeichnung vergegenständlicht. Hier scheint es gleich, ob es sich nun um die künstlerische Zeichnung als Zielursache oder um den zeichnerischen Entwurf eines Gemäldes, einer Statue oder aber das Projekt eines Gebäudes handelt. Es ist die

---

[22] AE I, S. 46//SU I, S. 58. Anm. d. Verf.: Schon in vorangegangenen Abschnitten seiner *Einleitung* hat Hegel die Höherwertigkeit geistgeborener menschlicher Produktionen der zufälligen Naturschönheit gegenüber betont. Daher kann „Kunstwerk" in obigem Zitat mit „das Schöne" (im Vollsinne) gleichgesetzt werden.

[23] vgl.: Schubert, Giselher, Zur Musikästhetik in Kants Kritik der Urteilskraft, in: Archiv für Musikwissenschaft Bd. 32 (1975), S. 12-25, S. 12.

[24] KdU, §14, S. 223.

Form, an der allein sich die Beurteilung der Schönheit des Gegenstandes orientiert. Das Pendant zur Zeichnung in der „Kunst des **schönen Spiels der Empfindungen**"[25], zu der in der Hauptsache die Musik zu rechnen ist, ist die Komposition. Der Klang der Töne oder die Leuchtkraft der Farben sind sinnliche Eindrücke, die zwar nicht überflüssig sind, da sie durchaus in der Lage sind, die formale Konstruktion lebendiger zu machen. Sie sind jedoch im Vergleich mit dieser als sekundär anzusehen. Kant verdeutlicht dies wie folgt:

> Der Reiz der Farben oder angenehmer Töne des Instruments kann hinzukommen, aber die Zeichnung in der ersten [der Gestalt, d. Verf.] und die Komposition in dem letzten [dem schönen Spiel der Empfindung, d. Verf.] machen den eigentlichen Gegenstand des reinen Geschmacksurteils aus.[26]

Kant räumt der Komposition den einzelnen Klängen gegenüber eindeutig den Vorrang ein. Dennoch ist aus dem unmittelbaren Kontext nicht mit letzter Sicherheit zu klären, bis zu welcher Ausschließlichkeit dieses Primat hinreicht. Es ist zu fragen, inwiefern der Kantische Begriff der Komposition mit Notwendigkeit beinhaltet, daß selbige überhaupt erklingt oder ob unter Umständen einzig die Beschäftigung mit der Partitur, die Lektüre der Komposition zur Beurteilung der Schönheit und des Wertes eines Opus für ausreichend erachtet werden könnte.[27] Kant definiert weiter oben im Paragraphen 51 die Musik als das „schöne Spiel der Empfindungen", das seinerseits klar von bloß angenehmen Empfindungen zu trennen ist, sofern die Musik als „schöne" und nicht als „angenehme"[28] Kunst gelten soll. Die Rezeption

---

[25] KdU, §51, S. 324. (Hervorhebungen vom Herausgeber).

[26] KdU, §14, S. 225.

[27] Anm. d. Verf.: Die gesonderte Betrachtung von Partitur und Aufführungspraxis oder auch die Meinung, der Text sei das Werk, stammt aus dem 16. Jahrhundert. Nicolaus Listenius differenziert in seiner Schrift Musica die *musica practica* und *poetica*, wobei unter der Letzteren das Textwerk verstanden wird, das den Künstler überlebt („labore tali, qui post se etiam artifice mortuo opus perfectum et absolutum relinquat"); zitiert nach: Dahlhaus, Carl, Musikästhetik, Laaber-Verlag, Laaber, 1986, S. 20.

[28] KdU, §51, S. 325. Anm. d. Verf.: Kant fügt hinter „angenehme Kunst" im letzten Satz von §51 in Klammern die Bemerkung „wenigstens zum Teil" hinzu. Dies kann als ein deutliches Indiz für die merkliche Kantische Skepsis dem Erklingen von Musik gegenüber angesehen werden. Auf jene ablehnende Haltung, die ihren Niederschlag nicht zuletzt in drastisch anmutenden

dieses Spieles durch den Gehörsinn ermöglicht das reine, formale Geschmacksurteil Die Wahrnehmung von Schönheit in der Musik ist nicht bloßer Sinneseindruck, sondern bereits Wirkung des Urteils über die „Form im Spiele vieler Empfindungen"[29]. Zur obigen Frage wäre demnach zu sagen, daß dem Gehör und somit dem Erklingen insgesamt ein maßgeblicher Anteil an der ästhetischen Beurteilung der Musik eingeräumt wird; nicht das Erklingen des einzelnen Tones als bloß angenehme Empfindung, sondern das Erklingen der Gesamtkomposition als der Möglichkeitsbedingung des Urteiles über deren Form.

Ein weiterer musikästhetischer Gesichtspunkt ist der einer Unabhängigkeit von vorausgesetzten Zwecken. Um diesen zu verdeutlichen, nimmt Kant in Paragraph 16 der KdU eine Unterscheidung zwischen *freier* und *anhängender* Schönheit vor. Während letztere einem Gegenstand aufgrund seiner begrifflich vermittelten Zweckmäßigkeit zugesprochen und somit von dieser bedingt wird, ist die freie Schönheit zwecklos und einzig aufgrund ihrer formalen Bestimmungen schön. Zur freien Schönheit zählen laut Kant die schönen Phänomene der Natur. Desweiteren fallen verschiedene Artefakte darunter, die unabhängig von einer Bedeutung aufgrund ihrer Form ein Wohlgefallen im Betrachter hervorrufen. Um ein eigenes Exempel vorzubringen, sei auf die schöne Musterung handgeschöpfter Papiere verwiesen; sie interessiert nicht, weder sinnlich noch zweckgebunden vernünftig. Hier wäre einem möglichen Einwand des kritischen Lesers zu begegnen. Natürlich besteht auch die Möglichkeit, auf handgeschöpftem Papier einen Brief zu verfassen, wodurch dieses Mittel zu einem Zweck würde. Kant jedoch bemerkt Folgendes:

> Ein Geschmacksurteil würde in Ansehung eines Gegenstandes von bestimmten inneren Zwecken nur alsdann rein sein, wenn der Urteilende entweder von diesem Zwecke keinen Begriff hätte oder in seinem Urteil davon abstrahierte.[30]

Die Domäne freier Schönheit im Bereich der Musik ist die Phantasie. Kant zählt hierzu zum Einen die gesamte Instrumentalmusik; zum Anderen die Musik ohne bestimmtes Thema. Bereits der musikalisch ambitionierte Laie erkennt, daß der ersten Bestimmung nach ein weites musikalisches Werkspektrum der freien Schönheit zuzurechnen ist.

    Maßnahmen fand, wird am Ende dieses Kapitels noch einmal eingegangen werden.

[29] KdU, §51, S. 325.
[30] KdU, §16, S. 231. (Hervorhebungen vom Verfasser).

Hingegen kann nur ein kleiner Teil dieser vom Text unabhängigen Kompositionen als thematisch ungebunden angesehen werden. Ich selbst würde daher im Falle der Phantasie von thematisch ungebundener Instrumentalmusik sprechen, während Kant beide Bestandteile des Definiens nicht zwingend verbunden wissen will.

Bevor wir nunmehr unsere Aufmerksamkeit auf die Kantische Anordnung der Kunstgattungen und somit deren unterschiedlicher Wertigkeit zuwenden, gilt es, einen kleinen Absatz gegen Ende der Analytik des Schönen, auf den Hegel direkten Bezug nimmt, anzuführen. Jener Abschnitt ist Bestandteil eines Unterkapitels mit der Überschrift *Allgemeine Anmerkungen zur Analytik* und folgt unmittelbar auf Paragraph 22. Kant geht an dieser Stelle auf das Verhältnis von freier Naturschönheit und steifer Regelmäßigkeit, welche er als geschmackswidrig bezeichnet, ein. Er erwähnt den Gesang der Vögel, der in seiner ihm eigentümlichen Freiheit und Regellosigkeit selbst den kunstfertigen menschlichen Gesang übertreffen könne. Im direkten Anschluß daran relativiert er diese Behauptung jedoch. Er gibt an, im Falle des Vogelgesangs und der allgemeinen Hochschätzung, die diesem entgegengebracht wird, würden wir unsere „Teilnehmung an der Lustigkeit eines kleinen beliebten Tierchens"[31] mit der klanglichen Schönheit seines Singens verwechseln. Als Beweis hierfür macht Kant deutlich, daß selbiger Gesang von einer menschlichen Stimme hervorgebracht schon bald geschmackswidrig aufgefaßt würde. Hegel bezieht sich auf dieses Beispiel im Kontext seiner Überlegungen zur Naturnachahmung. Diese bleibt stets unvollkommen und steht als sog. „Kunststück"[32] einerseits in Opposition zum Naturprodukt und andererseits zur künstlerischen Hervorbringung. Hegel schreibt an dieser Stelle:

> Kant führt in bezug auf dieses Gefallen am Nachgeahmten als solchem ein weiteres Beispiel an, daß wir nämlich einen Menschen, der den Schlag der Nachtigall vollkommen nachzuahmen wisse – und es gibt deren –, bald satt haben und sobald es sich entdeckt, daß ein Mensch der Urheber ist, sogleich eines solchen Gesanges überdrüssig sind.[33]

Interessant ist an diesem intertextuellen Verweis vor allem, daß es Kant und Hegel in ihrer Verwendung dieses Beispieles eigentlich um

---

[31] KdU, Allgemeine Anmerkungen zur Analytik, S. 243.
[32] AE I, S. 53//SU I, S. 67.
[33] AE I, S. 53//SU I, S. 67.

völlig unterschiedliche Sachverhalte zu tun ist. Erster beweist, daß unser Gefallen an der Vogelstimme sich mehr dem Liebreiz der Kreatur denn deren stimmlicher Fertigkeit verdankt. Letzterem geht es um die Abgeschmacktheit der Naturnachahmung insgesamt. Auf die generelle Würdigung und Bewertung der Kantischen Ästhetik durch Hegel werde ich gegen Ende dieses Kapitels nochmalig zurückkommen.

Im 51. Paragraphen wendet sich Kant einer Einteilung der drei Arten schöner Künste, nebst deren jeweiliger Unterteilung in die diversen Kunstgattungen, zu. Da er die Schönheit gleich welcher Art als „Ausdruck ästhetischer Ideen" bezeichnet, wählt er zum Kriterium der Einteilung die „Analogie der Kunst mit der Art des Ausdrucks, dessen sich Menschen zum Sprechen bedienen."[34] Dieser Ausdruck konkretisiert sich in Worten, Gesten und Tönen. Jeder Ausdrucksweise ist eine der Kunstarten zugeordnet. Der Artikulation die *redende* Kunst, zu der Kant die Rhetorik (Beredsamkeit) und die Dichtkunst zählt.[35] Auf deren Eigengesetzlichkeiten und Verhältnis soll im Kontext dieser Arbeit nicht näher eingegangen werden. Die Definition der übrigen Künste wird nur dann eine Rolle spielen, wenn es um deren Relation zur Musik, bspw. in der Hierarchie der Gattungen und um das Verständnis dieser Einstufung zu tun ist. - Der Gestikulation als Ausdrucksweise entsprechen zweitens die *bildenden* Künste. Hier ist die ästhetische Idee für die *Sinnenanschauung* ausgedrückt, zu welcher nicht Einbildung oder verbal vermittelte Vorstellung zu zählen sind. Die bildenden Künste teilen sich gattungsmäßig in die Kunst des Sinnenscheins, die Malerei und die Künste der Sinnenwahrheit. Zu letztgenannten rechnet Kant die Architektur und die Bildhauerei.[36]

Als artistisches Pendant zur tonalen Modulation im sprachlichen Ausdruck ist drittens die Kunstart des schönen Spiels der Empfindung zu nennen. Neben der Farbenkunst, auf deren Unterschied zur Malerei an dieser Stelle nicht näher eingegangen werden soll, zählt hierzu unser Gegenstand, die Musik. Da bereits weiter oben auf diesen Paragraphen Bezug genommen wurde, werde ich im Hinblick auf die projizierte Knappheit der Ausführungen zu Kant versuchen, Wiederholungen, sofern sie nicht unerläßlich für das Verständnis des Abschnittes sind, zu vermeiden. Die Musik als eine Gattung der dritten Kunstart betrifft den Ton des Gehörsinnes. Darunter versteht Kant das graduell verschiedene Verhältnis unterschiedlicher Spannungen dieses Sinnes. Die Hauptfrage, die sich Kant in diesem Passus stellt, ist, inwiefern

---

[34] KdU, §51, S. 320.
[35] vgl. KdU, §51, S. 321.
[36] vgl. KdU, §51, S. 322.

sich das Gehör neben genereller Rezeptivität für Sinneseindrücke noch obendrein „einer besonderen damit verbundenen Empfindung fähig"[37] erweist; einer Empfindung, die eher der Reflexion als dem unmittelbaren sinnlichen Reiz zugehörig ist. Kant verdeutlicht dies mit dem Hinweis auf jene Subjekte der Empfindung, die, obgleich sie über vorzüglich scharfe Sinne verfügen, nicht in der Lage sind, diese besondere Qualität der Empfindung zu haben. Nach meinem Dafürhalten meint Kant hiermit jene Begabung, die gemeinhin mit Musikalität bezeichnet wird: einer Empfänglichkeit für die ästhetische „Form im Spiele vieler Empfindungen"[38] und als solche Bedingung der Möglichkeit einer jeden Beurteilung der Schönheit von Musik. Betrachtet man Kants physikalische resp. akustische Beschreibung der Musik als „Schläge (pulsus) [...] der im Schalle erschütterten Luft"[39], so wird die Bedeutung des Formbegriffs deutlicher. Die Anschauungsform der Zeit[40] ist Bedingung der Möglichkeit musikalischer Wahrnehmung. Die in ihrer Qualität verschiedenen „Schläge" oder Erschütterungen der Luft bewirken in ihrer Abfolge eine Einteilung der Zeit. Dieser zeitlichen Einteilung der Töne entspricht die Komposition, mithin die Form. Die musikalische Form bei Kant kann demnach als die kompositorische Anordnung qualitativ divergierender „Luftbebungen"[41] in der Zeit definiert werden. Sie ist die Grundlage jeder (reinen) ästhetischen Bewertung von Musik. Ein Sachverhalt, der auch in der Verbindung schöner Künste in der Oper (redende Kunst und Musik) oder dem Ballett (Spiel der Gestalten/bildende Kunst und Musik) unverändert bleibt. Kant äußert sich wie folgt:

> In diesen Verbindungen ist die schöne Kunst noch künstlicher; ob aber auch schöner [...] kann in einigen dieser Fälle bezweifelt werden. Doch in aller schönen Kunst besteht das Wesentliche in

---

[37] KdU, §51, S. 324.

[38] KdU, §51, S. 325.

[39] KdU, §14, S. 224. Kant bezieht sich hier namentlich auf den deutschen Physiker Leonhard Euler, dessen Theorie er übernimmt. vgl. hierzu auch: Vorländer, Karl (Hrg.), Kant, Immanuel, Kritik der Urteilskraft, Hamburg, Meiner (Philosophische Bibliothek Bd. 39a), 1968, S. 63, Anm. c).

[40] Anm. d. Verf.: Auf die Herleitung der apriorischen Anschauungsformen in der transzendentalen Ästhetik der *Kritik der reinen Vernunft* soll hier nicht näher eingegangen werden. Ich plädiere dafür, den Terminus im Hegelschen Sinne „lemmatisch" aufzunehmen, i.e. als ein Fertiges, dessen Gewordensein außerhalb des Gegenstandsbereiches liegt (vgl. auch die Einleitung zu dieser Arbeit).

[41] KdU, §51, S. 324.

der Form, [...] nicht in der Materie der Empfindung [...] wo es bloß auf Genuß angelegt ist.[42]

Das Prädikat „künstlicher" ist hier wohl in der Bedeutung einer zunehmenden Entfernung von der freien Schönheit, in deren Bewertung das Geschmacksurteil rein ist, aufzufassen. Der begrifflich vermittelbare Anteil hingegen erscheint dementsprechend vergrößert.

Bevor dieses Kapitel zum Abschluß gebracht wird, gilt es, einen weiteren und im Hinblick auf die Darstellung der Hegelschen Ästhetik im Hauptteil dieser Arbeit wichtigen Aspekt Kantischer Kunstphilosophie in Augenschein zu nehmen. Es handelt sich um die *Vergleichung des ästhetischen Werts der schönen Künste untereinander*, die Kant unter eben dieser Betitelung im 53. Paragraphen durchführt. Bei diesem Vorhaben ist es unerläßlich, sich die Verschiedenheit der Kriterien, auf denen die Kantische Hierarchie der Künste basiert, zu vergegenwärtigen. Diese Differenz der Bewertungsmaßstäbe bedingt eine jeweils gleichermaßen verschiedene Staffelung der Kunstgattungen ihrer Wertigkeit nach. Zudem läßt diese Uneinheitlichkeit erkennen, wie schwierig es ist, Kant in eine der sich im 18. Jahrhundert herausbildenden Kategorien Formal- oder Inhaltsästhetiker einzuordnen. Erstes Kantisches Kriterium der Bewertung ist die Quantität von „Reiz und Bewegung des Gemüths"[43]. Daran gemessen behauptet die Dichtkunst den ersten Rang. Es soll diesbezüglich genügen, neben ihrer in der Autonomie des Genius gründenden Regellosigkeit auf zwei weitere Aspekte hinzuweisen. Erstens beruht diese Plazierung der Poetik auf der durch sie bewirkten Befreiung der Einbildungskraft. Letztere ist Ursache der angestrebten Erweiterung des Gemütes. Zudem erfährt zweitens selbiges eine Stärkung, die darauf beruht, daß die Dichtkunst an das Potential des Gemütes rührt, die sinnfällige Natur hin zum Übersinnlichen zu transzendieren; in deren Betrachtung das sinnlich und verstandesmäßig Erfahrbare zu übersteigen. Wolfgang Bartuschat formuliert bezogen auf den Umstand der Gemütserweiterung:

> Mit der ästhetischen Erfahrung ist [...] wesentlich eine Erweiterung des Gemüts verbunden, ein Bewußtsein des Subjekts, daß ihm ein Erfassen von Zusammenhängen möglich ist, das über

---

[42] KdU, §52, S. 325f.
[43] KdU, §53, S 328.

das hinausgeht, was ihm in erkenntnistheoretischer und praktischer Hinsicht möglich ist.[44]

Unter Berücksichtigung obigen Kriteriums beansprucht die Musik, hier zunächst als Tonkunst bezeichnet, den zweiten Rang. - Es sei an dieser Stelle kurz angemerkt, daß Kant im hier behandelten Abschnitt keineswegs um Vollständigkeit in der Erläuterung des Verhältnisses aller Kunstgattungen bemüht ist. Er läßt es dabei bewenden, die jeweils wertvollste Gattung der drei Kunstarten zu beschreiben. Andere, niedere ‚Artgenossen' werden (wie im Falle der Dichtkunst die Beredsamkeit) nur angeführt, um die Auswahl zu rechtfertigen. - Die Musik vermag, ebenso wie die Poesie, das Gemüt auf verschiedene Weise in Bewegung zu bringen. Dies tut sie ihrem „transitorischen"[45] Charakter zum Trotz „inniglicher"[46] als die oberste Kunstgattung. Ein Nachteil ist jedoch die Unbestimmtheit der Weise, in der sie sich ausspricht. Sie ist begrifflos, spricht nicht in Worten, sondern affiziert das Gemüt vermittels der Sprache des Spiels der Empfindungen. Evoziert sie dennoch gedankliche Reaktionen, so geschieht dies einzig als „Wirkung einer mechanischen Assoziation"[47]. Nicht zuletzt hierin gründet sich Kants zwiegespaltene Haltung der Musik gegenüber. Die fehlende Konkretion ihrer Empfindungssprache, auch in „ihrem ganzen Nachdrucke [...] als Sprache der Affecten"[48], macht sie bezüglich pädagogischer oder moralischer Zwecksetzungen in den Künsten nahezu unbrauchbar. Sie ist, so Kant, „mehr Genuß als Kultur und hat, durch Vernunft beurteilt, weit weniger Werth als jede andere der schönen Künste"[49]. Kant bringt hier sein zweites Kriterium auf den Plan. Orien-

---

[44] Bartuschat, Wolfgang, Ästhetische Erfahrung bei Kant, in: Esser, Andrea, Autonomie der Kunst? Zur Aktualität von Kants Ästhetik, Akademie, Berlin, 1995, S. 60.

[45] KdU, §53, S. 330; als hörbare Erscheinung ist Musik vergänglich i.S.v. vorübergänglich, ihr Erklingen stellt gleichsam ihr Verklingen dar.

[46] KdU, §53, S. 328.

[47] KdU, §53, S. 328.

[48] KdU, §53, S. 328. Anm. d. Verf.: Auf eine Auseinandersetzung mit der Frage, inwiefern Kant Anhänger der traditionellen Affektenlehre ist, wird hier verzichtet.

[49] KdU, §53, S 328. Anm. d. Verf.: Giselher Schubert weist darauf hin, der hier geäußerte Vorwurf maskiere „die bürgerliche Ranküne gegen sinnlichen Genuß". Das reine Bewußtsein der Urteilskraft ist „das bürgerliche Subjekt, das das Kunstschöne in seiner Autonomie stets moralisch gerechtfertigt wissen will"; vgl. Schubert, Giselher, Zur Musikästhetik in Kants Kritik der Urteilskraft, in: Archiv für Musikwissenschaft Bd. 32 (1975), S. 12-25, hier S. 25.

tiert man sich nämlich an einer vernünftigen Bewertung der Kultivierung, die das Gemüt durch die Berührung mit der schönen Kunst erfährt, ändert sich die Stellung der Tonkunst. Sie, die sich nicht in Begriffen und klaren Vorstellungen ausspricht, sondern „bloß mit Empfindungen spielt" und von diesen „zu unbestimmten Ideen leitet"[50], bleibt diesbezüglich und was die Erweiterung der Potentiale, durch die eine Bildung des Geschmackes befördert wird, selbst hinter den bildenden Künsten zurück. Letztere sind etwas Bleibendes, die Musik hingegen vergeht.[51] Als hochwertigste unter den bildenden Künsten nennt Kant die Malerei, die als „Zeichnungskunst"[52] das Fundament der anderen bildenden Künste darstellt.

In der skeptischen Haltung der Tonkunst gegenüber ist Kant auf der Linie seiner Zeit und Erbe der Kunstauffassungen vorangegangener Generationen. Enrico Fubini, Autor einer ausführlichen Geschichte musikalischer Ästhetik, schreibt zur Einstufung der Musik noch hinter der bildenden Kunst:

> Soweit entspricht Kant dem gängigen Urteil des 18. Jahrhunderts, das in der Dichtung die höchste aller Künste sah und der Musik mit Ach und Krach die letzte Stelle einräumte.[53]

Etwas weiter unten bemerkt er zudem:

> Die Hierarchisierung der Künste, bei der die Musik - da sie mehr dem Genuß frönt als der Kultur - auf die letzte Stufe abrutscht, ist ein Erbstück, das Kant von den französischen Aufklärern übernommen hat.[54]

---

50 KdU, §53, S. 329.

51 Anm. d. Verf.: Auf diesen transitorischen Charakter der Musik geht auch Hegel an verschiedenen Stellen seiner Ästhetik ein. Ich werde darauf im dritten Kapitel zurückkommen.

52 KdU, §53, S. 329.

53 Fubini, Enrico, Geschichte der Musikästhetik. Von der Antike bis zur Gegenwart, Metzler, Stuttgart, 1997, S. 171.

54 Fubini, S. 172.

Fubini zufolge war die Kantische Einordnung der Musik ins Gattungsspektrum häufig Anlaß, dessen „absolute Unempfindlichkeit"[55] die Musik betreffend zu demonstrieren. Meiner Meinung nach ist die Bezeichnung ‚unempfindlich' bezogen auf Kants Verhältnis zur musikalischen Kunst nicht ganz stimmig. Mag Kant auch, was die Möglichkeit Musik zu genießen anbelangt, relativ unempfindlich gewesen sein, so trifft dies in keiner Weise für die Möglichkeit, durch Musik empfindlich gestört zu werden, zu. Hiermit wären wir beim vorletzten Punkt der hier angestellten Betrachtungen zu Immanuel Kant und der Musik angelangt. Es geht im Folgenden um eine kurze Beurteilung von Kants Einstellung zur musikalischen Kunst und dessen eigener Musikalität. Ausgangspunkt der Überlegungen ist hier eine Bemerkung, die Kant am Ende des 53. Paragraphen macht. Neben der bereits genannten Gründe für die niedrige Einstufung der Tonkunst, so schreibt Kant an dieser Stelle,

> [...] hängt der Musik ein gewisser Mangel der Urbanität an, daß sie vornehmlich nach Beschaffenheit ihrer Instrumente ihren Einfluß weiter, als man ihn verlangt, (auf die Nachbarschaft) ausbreitet und so sich gleichsam aufdrängt, mithin der Freiheit andrer außer der musikalischen Gesellschaft Abbruch tut.[56]

In der Anmerkung auf selbiger Seite setzt Kant seine Beschwerde fort:

> Diejenigen, welche zu den häuslichen Andachtsübungen auch das Singen geistlicher Lieder empfohlen haben, bedachten nicht, daß sie dem Publicum durch eine solche lärmende (eben dadurch gemeiniglich pharisäische) Andacht eine große Beschwerde auflegen, indem sie die Nachbarschaft [...] ihr Gedankengeschäft niederzulegen nöthigen.[57]

Es waren wohl weniger Kirchenlieder, welche die Inhaftierten des Königsberger Zuchthauses intonierten. Letztere trugen ihren Teil zu Kants ablehnender Einstellung der musikalischen Praxis gegenüber bei, was in der räumlichen Nähe der Besserungsanstalt zu Kants Wohnung begründet lag. An langen, heißen Sommertagen suchten die Gefangenen durch Singen die Stunden zu kürzen. Gezwungenermaßen

---

[55] Fubini, S. 172.
[56] KdU, §53, S. 330.
[57] KdU, §53, S. 330 (Anmerkung). (Hervorhebungen vom Herausgeber)

wurde nun Kant, der ebenfalls der Hitze wegen bei offenem Fenster seinen kritischen ‚Gedankengeschäften' nachging, zum Ohrenzeugen vulgärer Lebensfreude. Der Ärger hierüber war so groß, daß er schließlich soweit ging, den Gefangenen ihren Gesang durch die Obrigkeit verbieten zu lassen. Laut Erwin Kroll, der in einem Buch über das Musikleben Königsbergs berichtet und von dem diese Information stammt, war Kant ein „amusischer Mensch"[58], der trotz seiner Kontakte bspw. zu Keyserling und den Musikbegeisterten seines eigenen Hauskreises vom musikalischen Geschehen seiner Heimatstadt weitestgehend unberührt blieb. Dennoch blieb die Kantische Kunst- und Musikphilosophie nicht ohne Einfluß bei Musiktheoretikern, Komponisten und Verfassern (musik-)ästhetischer Schriften.[59] Hegel widmet sich einer Würdigung der Ästhetik Kants im Kontext der *Einleitung* seiner *Vorlesungen über die Ästhetik*. Eine kurze Betrachtung dieser Bezugnahme wird nunmehr, wie bereits weiter oben angekündigt, den Abschluß unserer knappen Darstellung Kantischer Musikästhetik bilden.

Hegel geht auf den vier der Philosophie Kants gewidmeten Seiten seiner *Einleitung* nicht allein auf dessen ästhetische Philosophie ein. Er äußert sich vielmehr zum Kantischen Denken und Werk in toto und würdigt den hierdurch geleisteten Fortschritt, wenn er auch Kants Philosophie für „ungenügend"[60] erklärt. Hegel anerkennt ebenso deren „absoluten Anfangspunkt"[61], welcher in der selbstbezüglichen Rationalität, der Freiheit und dem sich „als unendlich findende[n] und wissende[n] Selbstbewußtsein"[62] besteht. Hegel nennt diesen Ausgangspunkt die „Erkenntnis der Absolutheit der Vernunft"[63]. Dennoch erscheint die Spaltung zwischen dem Phänomen, welches sich dem Subjekt zeigt und dem Ding an sich unvermittelt. Der „versöhnte Widerspruch"[64] bleibt einzig in der Vorstellung als ein Mögliches. Auch in

---

[58] Kroll, Erwin, Musikstadt Königsberg, Atlantis, Freiburg, 1966, S. 21.

[59] Anm. d. Verf.: Um jeweils ein Beispiel zu nennen, sei im Falle der Musiktheoretiker auf Eduard Hanslick als Vertreter des Formalismus, bei den Komponisten auf Reichard (der Vorlesungen Kants besuchte und mit diesem brieflich korrespondierte) und bei den Letztgenannten auf Schiller verwiesen; vgl. hierzu: Fubini, S. 172 und Kroll, S. 22.

[60] AE I, S. 65//SU I, S. 84; Hegel nimmt durch die Formulierung „mag man für ungenügend erklären" die Schärfe aus diesem Urteil.

[61] AE I, S. 65//SU I, S. 84.

[62] AE I, S. 65//SU I, S. 84.

[63] AE I, S. 65//SU I, S. 84.

[64] AE I, S. 66//SU I, S. 84.

Kants Konzeption des *intuitiven Verstandes*, auf die sich Hegel bezieht, bleibt die Kluft zwischen Subjekt und Objekt unüberwunden.[65] Die Aufhebung des Gegensatzes geschieht in einer „nur subjektiven" Weise, nicht in „einer an und für sich wahren und wirklichen"[66]. An diesem Punkt äußert sich Hegel direkt zur Kritik der Urteilskraft, die er „belehrend und merkwürdig"[67] nennt. Auch die Betrachtung des Kunst- und Naturschönen findet einzig im reflektierenden Subjekt statt. Selbiges fällt im vereinten Spiel der Erkenntnisvermögen Verstand und Einbildungskraft ein ästhetisches Geschmacksurteil. Möglichkeitsbedingung hierfür ist das Potential, „das Besondere als enthalten unter dem Allgemeinen zu denken"[68]. Hegel faßt im Anschluß die vier Kantischen Schlußfolgerungen der *Analytik des Schönen*, die in dieser Arbeit nicht alle in extenso vorgestellt wurden, zusammen. Die Bestimmtheit des Schönen in den Kategorien der *Qualität* (ohne Interesse), der *Quantität* (allgemein und ohne Begriff), *Relation* (formale Zweckmäßigkeit ohne Vorstellung eines Zweckes) und *Modalität* (Notwendigkeit des Gefallens am Schönen). In der Interpretation dieser vier Bestimmungen wird die Kantische Definition des Schönen mit der Konzeption des Ideals der Schönheit bei Hegel kompatibel. Die Einheit und Durchdringung von Allgemeinheit und Besonderheit, von Begriff und Gegenstand in der Reflexion des Subjektes bringt diesen zu folgender Definition des Kunstschönen nach Kant:

> So sieht Kant denn auch das *Kunst*schöne als eine Zusammenstimmung an, in welcher das Besondere selber dem Begriff gemäß ist.[69]

Diese Definition korreliert mit Hegels Aussagen zur Idee des Schönen im ersten Teil der Vorlesungen zur Ästhetik. So liest man im ersten Kapitel folgende Definition dieser Idee:

---

[65] Anm. d. Verf.: Das Konzept eines intuitiven oder auch anschauenden Verstandes, auf das ich hier nicht weiter eingehen möchte, entwickelt Kant vornehmlich in: KdU, §77, S. 272.
[66] AE I, S. 66//SU I, S. 85.
[67] AE I, S. 66//SU I, S. 85.
[68] AE I, S. 66//SU I, S. 85. Anm. d. Verf.: Hegel zitiert hier Kant, KdU, Einleitung IV: Von der Urteilskraft als einem a priori gesetzgebenden Vermögen. S. 179f.
[69] AE I, S. 68//SU I, S. 88. (Hervorhebungen vom Herausgeber)

> Indem [...] der Begriff unmittelbar in Einheit bleibt mit seiner äußeren Erscheinung, ist die Idee nicht nur wahr, sondern *schön*.

Etwas weiter unten auf selbiger Seite fährt Hegel fort:

> Aus diesem Grunde ist es denn auch für den Verstand nicht möglich, die Schönheit zu erfassen, weil der Verstand, statt zu jener Einheit durchzudringen, stets deren Unterschiede nur in selbständiger Trennung festhält.[70]

Dennoch, so Hegel in seinem abschließenden Urteil, bleibt die „vollendete Aussöhnung" der Gegensätze bei Kant „nur subjektiv"[71]. Durch diesen Mangel in den Grundlehren der Kantischen kritischen Philosophie wird sogleich der Weg zu seiner Aufhebung gewiesen. Diese vollzieht sich in der Weise einer weiterreichenden Wahrnehmung der Vermittlung zwischen Begriff und äußerer Realität, wie sie sich in der Nachkantischen (Kunst-)Philosophie und nicht zuletzt in Hegels *Vorlesungen über die Ästhetik* offenbart.

Diesen und in der Hauptsache der darin enthaltenen Musikästhetik Hegels als unserem eigentlichen Gegenstand widmen sich die nunmehr folgenden zwei Kapitel dieser Untersuchung.

---

[70] AE I, S. 117//SU I, S. 151f. (Hervorhebungen vom Herausgeber)
[71] AE I, S. 69//SU I, S. 89.

2. Hegels Vorlesungen über die Ästhetik

Wie bereits in der Einleitung dieser Schrift sei hier noch einmal in Kürze auf die notwendige Beschränkung des Gegenstandsbereiches derselben hingewiesen. Es geht im Folgenden nicht darum, die Entwicklung Hegelschen Kunst-Denkens in aller Vollständigkeit und allen Aspekten zu beleuchten. Ein solcher Versuch dürfte nicht allein die Ästhetik des späten Hegel in den von Hotho edierten Vorlesungen berücksichtigen. Er müßte die Veränderungen, die Hegels kunstphilosophischer Ansatz von dessen Jenaer Zeit an über die Stationen Frankfurt und Heidelberg bis zur Berliner Lehrtätigkeit erfährt, philosophiehistorisch und systematisch aufschlüsseln; ein Projekt, das meines Wissens bislang in der gebotenen Ausführlichkeit noch nicht in Angriff genommen wurde.[72] In der hier vorliegenden Untersuchung sollen allein die Thesen der *Vorlesungen über die Ästhetik* den Gegenstand der Betrachtung ausmachen.

In diesem Abschnitt geht es nunmehr darum, unter diesen Thesen zunächst die allgemeinen ästhetischen Bestimmungen Hegels zu reflektieren. Hierzu zählt vorderhand die allgemeine Hinführung zu einer wissenschaftlichen Ästhetik, wie sie Hegel im Kontext seiner *Einleitung* vornimmt und daran anschließend die zentrale Definition des Hegelschen Ideals. Ferner wird die kunstgeschichtliche Entwicklung der Verwirklichung des Ideals in Gestalt der divergierenden Kunstformen und schließlich die Betrachtung der den unterschiedlichen Entwicklungsstufen zugehörigen Gattungen der Kunst zum Gegenstand der Darstellung werden. Während der Musik der zweite Hauptteil dieser Arbeit gewidmet wird, fällt die Erläuterung allgemeinästhetischer Thesen wie der des Höhepunktes der Kunst in der Klassik und die daraus resultierende These der Endlichkeit bzw. des Vergangenheitscharakters der Kunst in den Gegenstandsbereich vorliegenden Kapitels.

Zum Abschluß der Einführung sei gesagt, daß die von der Systematik bestimmte Komposition und Anordnung des Textes der Vorlesungen

---

[72] Anm. d. Verf.: Es existieren bereits einige kürzere Abhandlungen, die sich der angeführten Entwicklung des kunstphilosophischen Systemteiles bei Hegel widmen. Es sei hier insbesondere auf den folgenden Aufsatz verwiesen: Gethmann-Siefert, Annemarie, Die Ästhetik in Hegels System der Philosophie, in: Pöggeler, Otto (Hrg.), Hegel. Einführung in seine Philosophie, Alber, Freiburg, 1977, S. 127-149.

durch Hegel selbst und im Nachhinein durch Hothos editorische Bearbeitung derart plausibel ist, daß in der Abfolge der Erörterungen nur geringfügig davon abgewichen werden wird. Der Gliederung folgend beginnen wir unsere Untersuchung mit Hegels Einleitungskapitel.

2.1. Hegels Einleitung in die Ästhetik

Eingangs seiner Vorlesungen widmet sich Hegel einer knappen Begriffsbestimmung. Er trennt seine Definition von Ästhetik klar von jener der deutschen Schulphilosophie bei Baumgarten und Wolff, von denen er nur letzteren namentlich anführt. Diese verbanden mit dem Begriff die gesamte Wissenschaft vom Sinnfälligen (scientia sensitivae cognitionis), zu welchem die Kunst nur als ein Aspekt im Bereich allgemeiner sinnlicher Wahrnehmung gehört.[73] Auch war in jener Zeit die Kunstbetrachtung nahezu ausschließlich an der Affektenlehre und der damit verbundenen Fokussierung auf den Rezipienten orientiert. Hegel definiert Ästhetik in deutlicher Absetzung von diesem Modell als „Philosophie der schönen Kunst"[74]. Daraus ergibt sich eine Ausgrenzung der schönen Naturphänomene, die Hegel im direkten Anschluß zu rechtfertigen sucht. In der Hothoschen Gliederung stellt dieser Vergleich von Kunst- und Naturschönheit den ersten Punkt des Abschnittes zur Begrenzung und Sicherstellung der Ästhetik dar.

Die schöne Kunst steht für Hegel über jeder Schönheit natürlichen Ursprungs. Er begründet dies mit dem Verweis auf die Tatsache, daß beinahe jedes denkbare Artefakt Produkt des menschlichen Geistes und seiner Freiheit ist. Er formuliert diesen Sachverhalt wie folgt:

> Denn das Kunstschöne ist die aus dem Geiste geborene und wiedergeborene Schönheit, und um soviel der Geist und seine Produktionen höher steht als die Natur und ihre Erscheinun-

---

[73] Anm. d. Verf.: A. G. Baumgarten bspw. sah in seiner Ästhetik eine Wissenschaft des „niederen Erkenntnisvermögens" vgl. Dahlhaus, Carl, Musikästhetik, Laaber Verlag, Laaber, 1986, S. 13.

[74] AE I, S. 13//SU I, S. 13.

gen, um soviel auch ist das Kunstschöne höher als die Schönheit der Natur.⁷⁵

An anderer Stelle beschreibt er den Anteil, den der menschliche Geist an der Entstehung des jeweiligen Opus hat und faßt im Anschluß daran zusammen:

> Dadurch steht das Kunstwerk höher als jedes Naturprodukt, das diesen Durchgang durch den Geist nicht gemacht hat [...].
> **Denn alles Geistige ist besser als jedes Naturerzeugnis.**⁷⁶

Bereits an diesem frühen Punkt der *Vorlesungen* offenbart sich eine der maßgeblichen Grundbestimmungen Hegelscher Ästhetik. Schönheit im Vollsinne gibt es nur da, wo sie als ein vom Geist Hervorgebrachtes existiert; ihre Teilhabe am Geist augenscheinlich und mithin der Geist selbst durch die wahrhaftige Schönheit der Kunstwerke sinnfällig wird. Hegel nimmt hier bereits implizit seine Konzeption des Ideals der Schönheit voraus. Die schönen Naturdinge sind demgegenüber unvollständig. Hegel weist darauf hin, daß eben darum bislang kein Wissenschaftler auf die Idee verfallen sei, die natürlichen Phänomene ihrer Schönheit nach zu ordnen, während es sehr wohl andere Kriterien einer Anordnung derselben, bspw. ihrer Nützlichkeit für den Menschen nach, gibt.

Im Anschluß an den Vergleich von Natur und Kunst zur Eingrenzung des Gegenstandes philosophischer Ästhetik widmet sich Hegel einigen Einwänden, die möglicherweise gegen eine wissenschaftliche Beschäftigung mit der Schönheit ihre Geltung beanspruchen könnten. In ähnlicher Weise wie Hegel möchte ich an dieser Stelle meiner Untersuchung zunächst die Einwände in aller Kürze wiedergeben, bevor ich mich im Anschluß daran Hegels eigenen Erwiderungen widme.

Dem ersten von Hegel genannten Argument zufolge zählen die Werke der Kunst nicht zu den höheren Zwecken menschlichen Daseins. Um letztere zu verwirklichen bedarf der Geist einer Anstrengung. Die Produktionen der Kunst erscheinen dem entgegengesetzt vielmehr wie ein schmückendes Beiwerk und gehören als solches „mehr der Remis-

---

⁷⁵ AE I, S. 14//SU I, S. 14.
⁷⁶ AE I, S. 40//SU I, S. 49. (Hervorhebungen vom Verfasser)

sion, der Nachlassung des Geistes an"[77]. Der Einwand stellt in Anbetracht dessen die Frage, ob und inwiefern die schöne Kunst überhaupt wissenschaftlichen Interesses würdig sei. Versuche einer Rechtfertigung der Kunst, die auf einer Unterstützung von Moral und Religiosität als substantiellen Zwecken durch dieselbe aufbauen, scheitern an der Indifferenz der Kunst, die ebensogut in der Lage sei, „Müßigkeit und Frivolität"[78] zu befördern. Hinzu kommt, daß der Kunst in dieser Funktionalisierung bloßer Mittelcharakter eignet. Auch in der formalen Bestimmtheit dieses Mittels wird die Fragwürdigkeit der Kunst offenbar. Nicht im Wahrhaftigen, sondern in Schein und Täuschung gründen sich Wirkung und Dasein schöner Kunst.

Während Hegel zunächst diese kritischen Annotationen zur wissenschaftlichen Ästhetik unter "erstens" zusammenfaßt, widmet er sich daran anschließend unter "zweitens" einer Reihe von weiteren Gegenargumenten. Die Argumentation fußt hier auf verschiedenen binären Begriffsoppositionen. Hierzu zählt einmal das Begriffspaar *Freiheit* (in den Werken der Kunst) versus *Notwendigkeit/Regelmäßigkeit* (in der Natur und ihren der Wissenschaft zugänglichen Gebieten). Des weiteren werden abstrahierendes *Denken* und *Sinnlichkeit* einander entgegengesetzt. Interessant ist hier vor allem, daß Hegel seine Haltung gegen diese Einwände schon vor seiner eigentlichen Entgegnung darauf implizit zu erkennen gibt. So schreibt er:

> Wir entfliehen, so scheint es, bei ihrer Hervorbringung [der Kunst, d. Verf.] jeder Fessel der Regel und des Geregelten; vor der Strenge des Gesetzmäßigen und der finstern Innerlichkeit des Gedankens suchen wir Beruhigung und Belebung in den Gestalten der Kunst, **gegen das Schattenreich der Idee heitere, kräftige Wirklichkeit**.[79]

Auch der weniger versierte Leser dürfte angesichts einer solchen Entgegensetzung von Idee und Wirklichkeit bei Hegel verwundert sein. *Idee* im Hegelschen Sinne meint ja gerade das Ergebnis der Selbst-Verwirklichung des Begriffs: die reale Gestalt des Begriffs, in der sich dieser selbst ins Dasein setzt.[80]

---

[77] AE I, S. 15//SU I, S. 16.
[78] AE I, S. 16//SU I, S. 17.
[79] AE I, S. 17//SU I, S. 18. (Hervorhebungen vom Verfasser)
[80] Um nur eine Definition von Idee exemplarisch anzuführen sei neben §1 der Rechtsphilosophie besonders auf den hier angefügten Zusatz von Eduard

Im ersten Einwand heißt es nun, die Kunst als Objekt der Sinne erfordere bei ihrer Entstehung und ihrer Rezeption andere Werkzeuge der Wahrnehmung als die Wissenschaft, die sich des Denkens bedient. Auch wenn man ferner annimmt, der (bloße) Begriff in seiner Abstraktion erhielte in den Werken der Kunst sinnfälliges Dasein, so Hegels Referat dieses Argumentes im weiteren Verlauf, negiere jede wissenschaftliche Ästhetik dieses Dasein, indem sie es wiederum ins Gedankliche reduziert.

Ein anderes Argument, das Hegel im Kontext seiner *Einleitung* zu Gehör bringt und das den Abschluß der Aufzählung möglicher ästhetikkritischer Positionen bildet, fußt auf der Definition von Wissenschaft als Beschäftigung mit Notwendigkeit und Gesetzmäßigkeit. Meiner Meinung nach handelt es sich dabei um eine Definition, die ohnehin eher zur Bestimmung empirischer Wissenschaft geeignet ist. Läßt man, so der Einwand, die Naturphänomene beiseite, wie Hegel es tut und verlegt sich auf kultürlich Gewordenes, verließe man gerade die Domäne notwendiger Regelungen. Man wende sich an deren Stelle dem Geist als dem Autonomen und Zufälligen zu, was jede Wissenschaftlichkeit im obigen Sinne zu negieren ausreiche. Hier stehen sich, wie bereits angeführt, Freiheit und Gesetz- bzw. Regelmäßigkeit gegenüber.

Hegel geht ungeachtet der seinem Urteil nach gewöhnlichen Kunstvorstellungen, die in jenen Einwürfen erkennbar wird, auf jeden der Punkte ein. Das erste Argument, nach dem die Kunst eher Beiwerk und Schmuck denn Lebenszweck sei, entkräftet er mit dem Hinweis, daß jede Kunst, der Mittelfunktionen zugemutet werden, *dienende* Kunst sei. Diese zweckgebundene, handwerklich anmutende Kunst sei jedoch ohnehin nicht Gegenstand einer Ästhetik. Letztere habe sich einzig mit *freier* Kunst zu befassen. Dem zweiten Einwand, bei dem es um die Form des Mittels ging, durch welches eine zweckorientierte Kunst die ihr gesteckten Ziele realisiert, entgegnet Hegel zunächst eine grundsätzliche Rechtfertigung des Scheinens: „Doch der *Schein* selbst ist dem *Wesen* wesentlich, die Wahrheit wäre nicht, wenn sie nicht

---

Gans verwiesen. Hier heißt es u.a.: „Die Einheit des Daseins und des Begriffs [...] ist die Idee."; vgl. Hegel, G. W. F., Grundlinien der Philosophie des Rechts, Werke in 20 Bänden. Theorie Werkausgabe Bd. 7, Auf der Grundlage der Werke von 1832-45 neu edierte Ausgabe. Redaktion Eva Moldenhauer und Karl Markus Michel, Suhrkamp, Frankfurt, 2000, S. 30. Um ein Beispiel aus der *Ästhetik* anzuführen, sei hier auf AE I, S. 112// SU I, S. 145 verwiesen: „Idee nun überhaupt ist nichts anderes als der Begriff, die Realität des Begriffs und die Einheit beider".

schiene und erschiene"[81]. Er stellt somit klar, daß wenn überhaupt, so nur der Schein als (Täuschungs-)Mittel der Kunst zum Objekt der obigen Kritik werden könne. Um die Kunst der Täuschung zu bezichtigen, bedarf es jedoch eines Vergleiches mit etwas Wahrem und Wirklichen. Hier bietet sich zunächst die der Empirie zugängliche Materie an – die Natur. Dieses Verhältnis von Täuschung und Wahrheit, Kunst und Natur stellt sich allerdings innerhalb des Hegelschen Denkens genau umgekehrt dar. Nicht die Natur als das schlechterdings Kontingente ist im Vollsinne wirklich; es sind vielmehr die Werke des Geistes, in denen sich eine höhere Wirklichkeit auftut. Aus der Höherwertung des Geistigen ergibt sich eine Hierarchie, innerhalb derer der Kunst und ihren Produktionen eine mittlere Stellung eingeräumt wird. Auf diese Hierarchie möchte ich hier kurz eingehen. Zuunterst befindet sich aus bereits vorgebrachten Gründen die Natur. Darüber verortet Hegel die Geschichte nebst ihrer schriftlichen Fixierung durch den Historiker, der neben den ihr innewohnenden weltbestimmenden Machtfaktoren viel Zufälliges eignet. Dieses leitet sich aus den zahlreichen Besonderungen und Vereinzelungen geschichtlicher Situationen her. Über Natur und Geschichte steht also die schöne Kunst. In ihr ist weit mehr an Wirklichkeit und Wahrhaftigkeit, weswegen sie, zumindest verglichen mit den Erstgenannten, nicht der Täuschung bezichtigt werden kann. Zudem zeigt sie sich als Produkt des Geistes für eine Erfassung durch denselben geeigneter. Hegel faßt zusammen:

> Die harte Rinde der Natur und gewöhnlichen Welt [hier für Geschichtsschreibung, d. Verf.] machen es dem Geiste saurer, zur Idee durchzudringen, als die Werke der Kunst.[82]

Hegel betont die höhere Stellung der Kunst im Vergleich zu Natur und Geschichte, weist aber zugleich auf deren Verlust einer höchsten Stel-

---

[81] AE I, S. 19//SU I, S. 21 (Hervorhebungen vom Herausgeber); Anm. d. Verf.: Hegel scheint hier nahezu wörtlich auf seine *Logik* Bezug zu nehmen. In dieser heißt es bspw.: „Das Wesen erscheint, es muß erscheinen und die Erscheinung ist wesentlich; außerhalb des Wesens gibt es keine Erscheinung, sowie auch umgekehrt das Wesen nicht unabhängig von der Erscheinung existiert" vgl. Hegel, G. W. F., Werke in zwanzig Bänden. Auf der Grundlage der Werke von 1832-45 neu edierte Ausgabe. Redaktion Eva Moldenhauer und Karl Markus Michel, Bd. 6: Wissenschaft der Logik II, Suhrkamp, Frankfurt, S. 124ff.; siehe auch: Biedermann, Georg, Georg Wilhelm Friedrich Hegel, Pahl-Rugenstein, Köln, 1981, S. 110f.

[82] AE I, S. 21//SU I, S. 23.

lung hin. Jene, der in früheren Zeiten[83] das Privileg zukam, die höchsten und profundesten Wahrheiten adäquat zu Ausdruck und Darstellung zu bringen, wird dieser Aufgabe nicht mehr gerecht. Er widmet sich hier exkursartig einer Thematik, die er zu Beginn des ersten Teiles seiner *Vorlesungen* ausführlicher behandelt und die dem Gedankenkomplex zum vergangenen Höhepunkt der Kunst angehört. Hegel differenziert an dieser zuletzt genannten Stelle drei Formen im In-Erscheinung-Treten des absoluten Geistes. Er schreibt dazu:

> Die *erste* Form nun dieses Erfassens ist ein *unmittelbares* und eben darum *sinnliches* Wissen [die Kunst, d. Verf.] [...] in welchem das Absolute zur Anschauung und Empfindung kommt. Die *zweite* Form ist sodann das *vorstellende* Bewußtsein [die Religion, d. Verf.], die *dritte* endlich das *freie Denken* des absoluten Geistes [die (spekulative) Philosophie, d. Verf.].[84]

Der heutige Mensch betet kein Standbild mehr an, die höchsten Bedürfnisse werden nur mehr durch den Gedanken befriedigt. Carl Dahlhaus schreibt zu dieser Feststellung:

> Daß die Kunst von Religion und Philosophie ‚überflügelt' wurde, besagt [...], daß das ‚Absolute', das sich in der Antike in Gestalt der Götterstatue manifestierte – einer Statue, die den Gott nicht bloß abbildete, sondern vielmehr dessen [...] leibhaftige Gegenwart verbürgte, so daß Kunst und Religion in der ‚Kunstreligion' zusammenfielen – im Mittelalter und der Neuzeit aus der Erscheinungsform der Kunst in die der christlichen Religion [...] und schließlich in die der philosophischen Reflexion übergegangen sei.[85]

---

[83] Anm. d. Verf.: Gemeint ist hier wie so oft die Zeit des klassischen Altertums, der griechischen Antike. Hegels Klassizismus und seine These von einem Ende der Kunst werden im Zusammenhang der Ausführungen zum Hegelschen Ideal der Schönheit und besonders zur klassischen Kunstform nochmalig zur Sprache gebracht werden.

[84] AE I, S, 108//SU I, 139. (Hervorhebungen vom Herausgeber)

[85] Dahlhaus, Carl, Hegels Satz vom Substanzverlust der Kunst, in: Musik und Bildung. Zeitschrift für Theorie und Praxis der Musikerziehung, 72. Jahrgang 1981, Schott, Mainz, S. 159. Anm. d. Verf.: Dahlhaus zitiert eingangs seiner Aussage AE I, S. 21.

Annemarie Gethmann-Siefert schreibt zu dem daraus resultierenden Vergangenheitscharakter der Kunst:

> Nur in der Kunstreligion des Griechentums gelingt der Kunst [...] jene anfangs für Kunst überhaupt unterstellte „schöne Vereinigung" von Endlichem und Unendlichem.[86]

Der (philosophische) Gedanke als das der Kunst gegenüber Höhere erfaßt diese im Urteil über ihren Gehalt und dessen künstlerische Ausgestaltung. Dieser Umstand ist für Hegel, womit wir zur ursprünglichen Überlegung zurückkehren, Beleg einer gewissen Notwendigkeit wissenschaftlicher Ästhetik. Er schreibt:

> Die Wissenschaft der Kunst ist darum in unserer Zeit noch viel mehr Bedürfnis als zu den Zeiten, in welchen die Kunst für sich als Kunst schon volle Befriedigung gewährte.[87]

Als (Schein)-Problem einer solchen erweist sich dennoch die sinnlich erfahrbare Materialität der Kunstwerke, die dem denkenden Durchdringen gegenüber das schlechthin Andere ist. Die Kunst als zur Empfindung sich verhaltendes, materielles Produkt der regellosen Phantasie ist scheinbar der Widerspruch zur logisch strukturierten Innerlichkeit gedanklichen Erfassens; scheinbar deshalb, weil bereits weiter oben die Stellung der Kunst als eine mittlere und somit über der Natur und der Geschichtsschreibung bestimmt wurde. Bestimmungsgrund war hierbei die größere Nähe zum Geist, weshalb die Natur weit eher noch als Widerpart des Denkens anzusehen wäre. Hegel beschreibt zur Auflösung des Scheinwiderspruches und zur Rechtfertigung der Kunstwissenschaft ein prozessuales Geschehen: Der Geist geht zunächst aus sich heraus. Er verläßt seine Allgemeinheit und Unendlichkeit und besondert sich. In der Sinnlichkeit, als dem ganz von ihm Unterschiedenen, behält er sich dennoch bei und bleibt bei sich. Somit kehrt er schließlich, vermittelt über die Sinnlichkeit und in deren Durchdringung, zu sich selbst zurück. Hegel formuliert dies wie folgt:

---

[86] Gethmann-Siefert, a.a.O., S. 143.
[87] AE I, S. 22//SU I, S. 25f. (Hervorhebungen vom Herausgeber)

> Und wenn auch die Kunstwerke nicht Gedanken und Begriff, sondern [...] eine Entfremdung zum Sinnlichen hin sind, so liegt die Macht des denkenden Geistes darin, *nicht etwa nur sich selbst*, in seiner eigentümlichen Form als Denken zu erfassen, sondern ebensosehr sich in seiner *Entäußerung* zur Empfindung und Sinnlichkeit wiederzuerkennen, sich in seinem Anderen zu begreifen, indem er das Entfremdete zu Gedanken verwandelt und so zu sich zurückkehrt.[88]

Somit ist die Kunst zur wissenschaftlichen Betrachtung geeignet. Das Geistige in ihr negiert völlige Regellosigkeit der Formen wie des Inhaltes und macht sie, als nunmehr festgelegten Gegenstand der Ästhetik, der philosophischen Durchdringung zugänglich.

Im daran anschließenden Teil der *Einleitung* geht es Hegel um die verschiedenen Ansätze und Arbeitsweisen möglicher Kunstwissenschaft. Er differenziert in diesem Abschnitt zwei Teildisziplinen einer solchen, deren Unterschiedenheit im Wesentlichen auf dem Gegenstand der wissenschaftlichen Betrachtung basiert. Bei diesem kann es sich zum Einen um die Gesamtheit der Kunstwerke selber handeln. Hegel spricht hier vom *Empirischen* als Ausgangspunkt der Wissenschaft. Deren Fortgang bildet den Betreiber derselben zunächst zum Dilettanten und Kunstkenner. Endziel der Kunstgelehrsamkeit ist jedoch der Kunstgelehrte, dem Kunstkenntnisse „mannigfacher Art und von weitem Umfange"[89] eignen. Zu diesen zählen einmal das Wissen um die geschichtliche Entwicklung der Kunst und die Genese der Gattungen. Zum Anderen gehört auch die fundierte Kenntnis der Theorien der Künste, zu denen Hegel Werke wie die Poetik des Aristoteles zählt, in diesen Bereich. Von den Theoretikern seiner Zeit, die Hegel anführt, sei hier nur kurz auf Hirt verwiesen. Dessen *Kunstgesetz des Charakteristischen* wird von Hegel gewürdigt, wenn auch nur in Bezug auf seine abstrakt – formelle Richtigkeit:

> [...] das Kunstgesetz des Charakteristischen [...] fordert, daß alles Besondere in der Ausdrucksweise zur bestimmten Bezeichnung ihres Inhalts diene und ein Glied in der Ausdrückung desselben sei.

---

[88] AE I, S. 24//SU I, S. 27f. (Hervorhebungen vom Herausgeber)
[89] AE I, S. 26//SU I, S. 30.

Es soll ferner, so führt Hegel weiter aus,

> [...] nur Dasjenige mit in das Kunstwerk eintreten, was zur Erscheinung und wesentlich zum Ausdruck gerade nur dieses Inhalts gehört.[90]

Um die Nähe der Hirtschen Definition zu Hegel aufzuzeigen, möchte ich exemplarisch auf eine Textstelle aus dem ersten Teil der Ästhetik hinweisen. Hegel betont hier, es sei

> Aufgabe des Kunstwerks, den Gegenstand in seiner Allgemeinheit zu ergreifen und in der äußeren Erscheinung desselben dasjenige fortzulassen, was für den Ausdruck desselben bloß äußerlich und gleichgültig bleiben würde.[91]

Hegel und Hirt stimmen darin überein, alles Überflüssige, Redundante an der Kunstgestalt, jede Verzierung und Verschnörkelung, die nicht durch den Inhalt bestimmt und zu dessen Erscheinen notwendig ist, auszutilgen.[92]

Neben dem Empirischen nennt Hegel als zweiten möglichen Ausgangspunkt die theoretische Reflexion über die Idee des Schönen. Idee faßt Hegel hier im platonischen Sinne als ein abstraktes, eher inhaltsloses extramentales Objekt auf. Hegel wirft im Folgenden beiden Ansätzen für eine Kunstwissenschaft, sofern sie als einzelne betrachtet werden, ihr Ungenügen vor. Er postuliert daher die Verbindung des empirischen und ideellen Ausgangspunktes, welche zunächst einander antithetisch auszuschließen scheinen, zu einer synthetischen Einheit:

> Der philosophische Begriff des Schönen [...] muß die beiden Extreme in sich vermittelt enthalten, indem er die metaphysi-

---

[90] AE I, S. 29//SU I, S. 34f.
[91] AE I, S. 166//SU I, S. 217.
[92] Anm. d. Verf.: Es sei hier auf das im weiteren Verlauf häufig von Hegel verwendete Beispiel eines Portraitmalers verwiesen. Jener übersieht in seiner Gestaltung willentlich äußerliche Zufälligkeiten des Erscheinungsbildes wie z.B. Blässe, Unreinheiten der Haut oder ähnliches. Er bringt somit das Charakteristische hervor (Hirt) oder idealisiert die Darstellung (Hegel).

sche Allgemeinheit des Begriffs mit der Bestimmtheit realer Besonderung vereinigt.[93]

Nur so ist der Begriff in der Lage, sich zu einer Totalität von Bestimmungen zu entwickeln, die jedoch ganz und gar die seinen sind.

Im nunmehr letzten größeren Abschnitt der *Einleitung in die Ästhetik* wendet sich Hegel dem Begriff des Schönen und der Kunst zu. Wie bereits in der Einleitung zu dieser Arbeit betont, schließt er dessen Gewordensein aus der Betrachtung des ästhetischen Teilgebietes der Philosophie aus. Er schreibt diesbezüglich: „Für uns ist der Begriff des Schönen und der Kunst eine durch das System der Philosophie gegebene Voraussetzung".[94] Im Anschluß wendet sich Hegel zunächst verschiedenen, eher gewöhnlichen Ansichten die Kunst betreffend zu. Gewöhnlich meint bei Hegel in der Regel eine Sichtweise, die, wenn sie auch nicht schlichtweg sachlich falsch ist, so doch keiner genaueren wissenschaftlichen Betrachtung standhält. Aufgrund meiner Schwerpunktsetzung bei der musikalischen Kunstgattung möchte ich an dieser Stelle nur auf die Vorstellungen bezüglich eines Zwecks der Kunst und Hegels Erwiderungen darauf eingehen. Was die Kunst als Produkt menschlicher Tätigkeit und die Bestimmung des künstlerischen Subjektes, dessen Talent als spezifische und dessen Genie als allgemeine Befähigung anbelangt, so wird diese im Musikkapitel nochmals thematisiert werden.

Ein erster möglicher Zweck der schönen Kunst könnte, für ein gewöhnliches Bewußtsein, in einer möglichst getreuen Nachbildung natürlicher Phänomene bestehen. Hegel, dem kein derartig beschaffenes Selbstgefühl eignet, demontiert diese Annahme nicht ohne einen Anflug scharfsinnigen Humors. Obwohl er bereits eingangs des Abschnittes die Nachahmung als überflüssig und in ihren Mitteln eingeschränkt charakterisiert, bringt er dennoch im Folgenden zwei zunächst beeindruckende Exempel täuschend echter Naturkopien zu Gehör. In beiden Fällen handelt es sich bei den Subjekten der Täuschung um Tiere und Hegel urteilt darüber mit leicht süffisanter Note:

> Aber bei solchen und anderen Beispielen muß uns sogleich beifallen, daß, statt Kunstwerke zu loben, weil sie *sogar* Tauben und Affen getäuscht, gerade nur die zu tadeln sind, welche das

---

[93] AE I, S. 33//SU I, S. 39.
[94] AE I, S. 35//SU I, S. 43.

Kunstwerk zu erheben gedenken, wenn sie nur eine so niedrige Wirkung von demselben als das Letzte und Höchste zu prädizieren wissen.[95]

Hegels Bemerkungen zur Nachahmung als „Kunststück" waren bereits im Kontext der Darstellung Kantischer (Musik-)Ästhetik angeführt worden. Abschließend betont selbiger zwar die Bedeutung der Beherrschung einer gelungenen Imitation natürlicher Begebenheiten durch den praktizierenden Künstler, jedoch ohne auch nur im Entferntesten den Zweck der Kunst selbst darin zu vermuten.

Eine weitere mögliche Zwecksetzung, die Hegel nennt, wäre die, vermittels der Kunst das gesamte Spektrum dessen, was der Mensch wahrzunehmen und zu fühlen imstande ist, zu veranschaulichen; mit Hegels Worten: „alles, was im Menschengeist Platz hat, an unseren Sinn [...] zu bringen".[96] Dieser Auftrag an die Kunst ist jedoch rein formeller Natur. Innerhalb der Bandbreite möglicher Inhalte erlaubt kein zusätzliches Kriterium eine Auswahl der Stoffe ihrer Qualität nach. Die Forderung eines inhaltlichen Maßstabes, die von der Vernunft ausgeht, bringt die Frage nach einem höheren und substantiellen Zweck auf den Plan. Als einen solchen nennt Hegel die Kanalisierung schädlicher Leidenschaften. Diese Zweckbestimmung geht in Richtung der καθαρσις - Lehre, die bspw. Aristoteles in seiner *Poetik* entfaltet. Ich werde im weiteren Verlauf den Terminus psychologischer oder auch *therapeutischer Zweck* verwenden. Leidenschaft resultiert nach Hegel auf einer Fokussierung des Willens auf ein einziges Begehren. Die Kunst nun stellt dem derart eingeengten Subjekt dessen eigene Triebverfallenheit als Objekt der Anschauung gegenüber. Diese kunstvermittelte Objektivität der Leidenschaften ist der erste Schritt zu deren Überwindung, da das Subjekt die Kräfte, denen es sonst sklavisch unterworfen ist, gleichsam außer-sich erlebt. Hierin ließe sich bereits eine Art getrennt-Sein erster Ordnung erkennen. Der geforderte Maßstab für die Darstellungswürdigkeit der möglichen Inhalte bestünde bei dem kathartischen Modell in der Effektivität, mit der die Darstellungen eine Reinigung und Milderung bewirken.

---

[95] AE I, S. 52//SU I, S. 66. (Hervorhebungen vom Herausgeber) Es handelt sich bei den Kunstwerken um solche, die aufgrund ihrer Naturtreue das Freßverhalten von Tieren stimuliert haben sollen; darunter bspw. „die gemalten Weintrauben des Zeuxis".

[96] AE I, S. 55//SU I, S. 70.

Neben dem therapeutischen Aspekt nennt Hegel als weiteren Zweck die Belehrung durch die Kunst. Dieser, mit meinen Worten *didaktische Zweck*, koinzidiert mit dem erstgenannten im Projekt der moralischen Vervollkommnung des Menschen. Hegel führt im Folgenden aus, daß moderne Moralvorstellungen einen unüberwindlichen Gegensatz von Geist und Sinn zementieren. Er schreibt hierzu:

> Die geistige Bildung [...] bringt im Menschen diesen Gegensatz hervor, der ihn zur Amphibie macht, indem er nun in zwei Welten zu leben hat.

Etwas weiter unten fährt er wie folgt fort:

> Mit dieser Zwiespältigkeit des Lebens und Bewußtseins ist nun aber für die moderne Bildung und ihren Verstand die Forderung vorhanden, daß solch ein Widerspruch sich auflöse.[97]

Es ist dies ein Postulat, das einzulösen der Verstand allein sich als ungeeignet erweist. Diese Aufgabe fällt der Philosophie zu, womit implizit das Hegelsche System oder die spekulative Philosophie gemeint ist, welche die Gegensätze wie bspw. Leben und Bewußtsein als gegensätzliche Bestimmungen an oder in einer Totalität begreift. Die Wahrheit nämlich liegt, so Hegel, „erst in der Versöhnung und Vermittlung beider".[98] Im Überschreiten jener Zwecksetzungen, bei denen die Kunst nur als Mittel einem eigentlichen Endzweck moralischer Natur gegenüber erschien, gelangt Hegel zum eigentlichen substantiellen Zweck. Dieser besteht nun im Wesentlichen darin,

> [...] daß die Kunst die *Wahrheit* in Form der sinnlichen Kunstgestaltung zu enthüllen, jenen versöhnten Gegensatz darzustellen berufen sei und somit ihren Endzweck in sich, in dieser Darstellung und Enthüllung selber habe.[99]

Bevor ich nun in direktem Anschluß an diese Zweckbestimmung zur Untersuchung des Hegelschen Ideals im nächsten Teilstück meiner

---

[97] AE I, S. 63//SU I, S. 80f.
[98] AE I, S. 64//SU I, S. 80.
[99] AE I, S. 64//SU I, S. 82. (Hervorhebungen vom Herausgeber)

Untersuchung fortschreite, gilt es, bezüglich der vorgenommenen Auslassung zweier Punkte am Ende der Einleitung in die Ästhetik eine kurze Erklärung abzugeben. Ich rechtfertige diese Maßnahme zunächst mit dem Hinweis, daß die Ausführungen zum Kantischen Kunstbegriff bereits im ersten Kapitel ausführlicher behandelt wurden. Auf die Passagen der *Einteilung*, die als Vorwegnahme und Vorabgliederung aller weiteren Teile der Ästhetik den Schlußpunkt der Hegelschen *Einleitung* bildet, wird in den Folgekapiteln zum Ideal, den Kunstformen und schließlich zu den Gattungen sowie insbesondere zur Musik noch verschiedentlich Bezug genommen werden.

2.2. Das Ideal: Die Idee des Schönen

Zielsetzung dieses zweiten Unterkapitels innerhalb des ersten Hauptteils vorliegender Untersuchung ist eine erläuternde Darstellung der Hegelschen Konzeption des Ideals und seines Daseins in den und durch die Werke der schönen Kunst. Bereits im Vorangegangenen war die Unvollkommenheit schöner Naturphänomene diesen Hervorbringungen des Menschengeistes gegenüber thematisiert worden. Dennoch möchte ich, bevor ich zur Kunst und der Idealität ihrer Schönheit übergehe, dem schönen Naturgegenstand einen kurzen Exkurs widmen. Dies geschieht nicht nur deshalb, weil Hegel in seiner Argumentation von der Unvollkommenheit und Zufälligkeit des Naturschönen zur Kunst aufsteigt, sondern vielmehr, weil sich vermittelt über die Beschreibung der größtmöglichen Verwirklichung von Schönheit im Bereich der Natur - dem beseelten Lebewesen - ein tieferes Verständnis des zentralen Hegelschen Terminus der *Totalität* ermöglicht wird.

Zur Kategorie des lebendigen Schönen gelangt Hegel über zwei Zwischenstufen, die jeweils eine dieser Kategorie gegenüber minderwertige Existenzweise des Begriffs darstellen. Deren erste ist die eines unmittelbaren „seelenlos[en]" Überganges „in die sinnliche Materialität".[100] In dieser Weise gibt sich der Begriff seine Existenz bspw. in den Elementen, die unsere physikalische und chemische Umwelt konstituieren. Hegel gebraucht das Beispiel eines Metalles, dessen divergierende Eigenschaften (wie z.B. Atomgewicht oder die Anzahl der Valenzelektronen) kein materielles Dasein für sich behaupten, sondern im Gegenteil jedem Atom dieses bestimmten Elementes oder Metalles ungetrennt zugehören. Das Moment einer ideellen Einheit in Form einer Beseelung fehlt auf dieser Stufe. Die vorhandenen qualitativen Unterschiede erscheinen nur als „abstrakte Vielheit", i.e. sie sind getrennt betrachtbar nicht aufgrund ihres materiellen Daseins, sondern durch die abstrahierende Tätigkeit des Verstandes, der sie gleichsam aus der Einheit des Elementes herauslöst. Die Einheit dieser divergierenden Bestimmungen nun besteht laut Hegel auf dieser Stufe nur in der „gleichgültige[n] [...] Gleichheit derselben". Etwas weiter unten faßt Hegel diese erste Existenzweise des Begriffs wie folgt zusammen: „seine Unterschiede erhalten keine selbständige Existenz und seine ideelle

---

[100] AE I, S. 122//SU I, 157.

Einheit tritt als ideelle nicht hervor".[101] Obwohl Hegels Formulierungen an diesem Punkte teilweise pejorativ anmuten, verwendet er an anderer Stelle der Vorlesungen das Beispiel des elementaren Materials, das seine Bestimmtheiten in untrennbarer, selbständigkeitsloser Einheit enthält, zur Charakterisierung der Identität der Unterschiede innerhalb der Totalität des wahren Begriffes.[102]

Im Falle der zweiten, von Hegel angeführten Weise einer möglichen Existenz des Begriffes treten die selbständigkeitslosen Differenzen auseinander. Damit werden die Unterschiede objektiv. Die Einheit derselben ist auf dieser Stufe systemisch vermittelt. Der Zusammenhalt innerhalb des Systems wird durch den Begriff gewährleistet. Hegel wählt das Beispiel des Sonnensystems. Die spezifische Stellung und Bewegung der real unterschiedenen Himmelskörper erschließt sich aus dem Systembegriff. Aber auch, wenn im obigen Beispiel die Sonne die Einheit des Systems verkörpert, tut sie dies eben als losgelöster Körper und nicht als ideelle Beseelung der einzelnen Systemelemente, welche dann als Ausfaltung dieser einheitlichen Innerlichkeit existieren würden.

Hiermit gelangt Hegel zur „wahren Existenz des Begriffs" auf der dritten Stufe. Zu deren Definition gehört, daß ein

> [...] Ganzes natürlicher Unterschiede einerseits den Begriff als reales Auseinander seiner Bestimmtheiten expliziere, andererseits jedoch an jedem Besonderen dessen in sich abgeschlossene Selbständigkeit als aufgehoben setze und nun die Idealität, in der die Unterschiede zur subjektiven Einheit zurückgekehrt sind, als ihre allgemeine Beseelung an ihnen heraustreten lasse.[103]

Dieser Existenzweise des Begriffs entspricht die belebte Natur. Ihre Einheit ist ideeller Art und deren Prinzip die in allen Gliedern anwesende Beseelung. Zwar lassen sich bspw. am menschlichen Leib die Körperteile als Unterschiedene betrachten; Existenz behaupten sie jedoch nur als Bestandteil dieser beseelten Totalität. Losgelöst oder „abgehauen"[104] sind sie nichts. Mit dem sogenannten „objektiven Idealis-

---

[101] AE I, S. 122//SU I, S. 158.
[102] vgl. hierzu AE I, S. 114f.//SU I, S. 148.
[103] AE I, S. 123//SU I, S. 159f.
[104] AE I, S. 126//SU I, S. 163.

mus"[105], der eben nicht nur subjektiv reflektierend wahrnehmbaren Idealität oder Beseelung des Lebewesens, ist die höchste Stufe der natürliche Existenz des Begriffs erreicht. Die Schönheit der belebten Natur resultiert direkt aus deren Beseelung:

> Als die sinnlich objektive Idee nun ist die Lebendigkeit in der Natur *schön*, insofern das Wahre, die Idee, in ihrer nächsten Naturform als Leben unmittelbar in einzelner gemäßer Wirklichkeit da ist.[106]

Aus der Sinnfälligkeit des Daseins ergibt sich folgende weitere Bestimmung:

> Die Schönheit kann aber nur in die *Gestalt* fallen, weil diese allein die äußerliche Erscheinung ist, in welcher der objektive Idealismus der Lebendigkeit für uns als Anschauende und sinnlich Betrachtende wird.[107]

Die Totalität des beseelten Organismus wird von Hegel anhand des Beispiels der Empfindung verdeutlicht.[108] Berühren wir, um das Exempel zu konkretisieren, durch Zufall einen Menschen, in den wir uns verliebt haben und sei es auch nur mit der Spitze des kleinen Fingers, so ist der Schauer, den wir verspüren, zugleich in allen Gliedern wahrnehmbar. Die Einheit von Körper und Seele im Leib ist derart total, daß die physische Reizung auf die Seele trifft und von dieser zurückgestoßen und vegetativ vermittelt zugleich sämtliche Bereiche des Leibes affiziert.[109]

Soviel sei hier zu Hegels Beschreibung konkreter Totalität der belebten, beseelten und darum schönen Naturphänomene gesagt. Bereits zu Beginn dieses Unterkapitels hatten wir auf die Unvollkommenheit dieser Schönheit hingewiesen. Sie resultiert, neben der Zufälligkeit des äußeren Erscheinungsbildes, nicht zuletzt daraus, daß diese Erscheinung

---

[105] AE I, S. 128//SU I, S. 166.
[106] AE I, S. 128//SU I, S. 167. (Hervorhebungen vom Herausgeber)
[107] AE I, S. 129//SU I, S. 168. (Hervorhebungen vom Herausgeber)
[108] vgl. AE I, S. 125//SU I, S. 161.
[109] Anm. d. Verf.: So daß wir eben eine Gänsehaut bekommen, erröten oder ähnliche Symptome zeigen.

„nur eine *reale* Totalität, deren innerlichst zusammengefaßte Belebung [...] *als innere zurückbleibt*"[110], ist. Das menschliche Handeln bspw. erscheint oft dem Zufall unterworfen. Die Seele als Einheitsmoment bleibt nur innerlich oder wird vom Partikulären verdeckt. Hegel faßt diesen Umstand gegen Ende seiner Ausführungen zum Naturschönen wie folgt zusammen:

> Dies ist die Prosa der Welt, wie dieselbe sowohl dem eigenen als auch dem Bewußtsein der anderen erscheint, eine Welt der Endlichkeit und Veränderlichkeit, der Verflechtung in Relatives und des Drucks der Notwendigkeit dem sich der Einzelne nicht zu entziehen imstande ist. Denn jedes vereinzelte Lebendige bleibt in dem Widerspruche stehen, sich für sich selbst als dieses abgeschlossene Eins zu sein, doch ebensosehr von anderem abzuhängen, und der Kampf um die Lösung des Widerspruchs kommt nicht über den Versuch [...] hinaus.[111]

Bereits im Vorangegangenen waren, um nunmehr vom beseelten Lebewesen zum Kunstgegenstand überzugehen, verschiedene Bestimmungen wahrer Schönheit angeführt worden, aus denen sich bspw. die Abwertung natürlicher Schönheit im Verhältnis zu den Kunstprodukten mit Notwendigkeit ergab. Von diesen Bestimmungen ist der Anteil des kreativen menschlichen Geistes an der Entstehung der Kunst die mit Abstand wichtigste. Doch auch wenn das Kunstwerk beinahe zur Gänze im Geist und durch den Geist erschaffen wird, zeigt sich dennoch ein demgegenüber geringer, aber nichtsdestoweniger vorhandener Anteil der Eigengesetzlichkeiten des Materials der Darstellung aus dem sich, wie auch im Falle der künstlerischen Fähigkeiten des hervorbringenden Subjekts, eine Begrenzung der Darstellungsmöglichkeiten ideeller Inhalte ergeben kann. Man könnte auch von einem Widerstand des Materials und der fehlenden Begabung bei der Umsetzung künstlerischer Entwürfe sprechen. Auch wenn das Artifizielle verglichen mit den Naturdingen im Wesentlichen und in der Hauptsache vom Geist bewirkt wird, ist die, wenn auch geringe, so doch vorhandene und je nach Kunstgattung unterschiedlich starke Beteili-

---

[110] AE I, S. 150//SU I, S. 195. (Hervorhebungen vom Herausgeber)

[111] AE I, S. 152//SU I, 199; Anm. d. Verf.: Implizit ist hier die prozessuale Konzeption des Lebens als Setzen und Aufheben der Widersprüche innerhalb der ideellen Einheit des Leibes mit angeführt, vgl. hierzu AE I, S. 125//SU I, S. 162.

gung der äußerlichen und damit auch dem Zufall unterworfenen Materie an der Hervorbringung des Kunstgegenstandes mitzubedenken.

Hegel nennt zu Beginn der *Einteilung* die Idee als den **Inhalt**. Die sinnfällige äußere Bearbeitung und Expression dieses geistigen Inneren wird hingegen als die **Form** oder die formale Seite der Kunst bezeichnet. Diese Momente zu vereinen oder mit Hegels Worten „zu freier versöhnter Totalität zu vermitteln"[112] ist die Hauptaufgabe, die von wahrer Kunst zu bewältigen ist. An diese Bewältigung knüpfen sich, laut Hegel, drei Postulate. Deren erstes ist die generelle **Darstellbarkeit** des Inhaltes. Hiermit ist zunächst noch nicht gemeint, daß der darzustellende Inhalt kein völliges Abstraktum sein darf. Diese Forderung stellt Hegel erst als zweite, wenngleich er betont, daß sich diese aus der erstgenannten ergibt. Das erste Postulat zielt eher auf die Darstellungswürdigkeit ab; i.e. der Inhalt soll etwas Wahrhaftiges sein. Meiner Meinung nach ist hier gefordert, daß ein substantieller Gehalt, nichts Oberflächliches, Minderwertiges oder Belangloses verbildlicht werden soll. Ein solcher Inhalt ist, so die zweite Forderung Hegels, **konkret**. Dies bedeutet, er ist keine wirklichkeitslose Abstraktion, sondern faßlicher, bestimmter Inhalt. Dies leitet zur dritten Forderung, der Gehalt solle ein **individueller und vereinzelter** sein, über. Was nun die Konkretisierung des Gehaltes angeht, so koinzidiert selbige mit der Konkretisierung der Gestalt. Wahrhaftige, konkrete Einzelnheit wird im äußeren Material konkret. Sie erscheint somit für den betrachtenden Geist als betrachtbarer Geist, als ein Objekt schöner Kunst. Hiermit ist die häufig, wenn nicht am häufigsten in der Sekundärliteratur angeführte Definition des Hegelschen Ideals als des im Kunstschönen verwirklichten Begriffs von Schönheit gegeben. Es ist das „**Sinnliche** *Scheinen* **der Idee**".[113] Definitionen ähnlicher Art durchziehen die gesamten *Vorlesungen über die Ästhetik*. So schreibt Hegel, Schönheit (resp. das Ideal) sei „die im Sinnlichen und Wirklichen realisierte Idee".[114] Anders gewendet oder auch von der Seite der Idee her betrachtet finden sich Formulierungen wie: „So gefaßt ist die Idee als ihrem Begriff gemäß gestaltete Wirklichkeit das *Ideal*".[115] Um diese Aufzählung verschiedener Definitionen zunächst abzuschließen, sei hier noch auf eine weitere begriffliche Eingrenzung des mit Ideal bezeichneten Gegenstandes verwiesen. Diese lautet: „Das Ideal ist die mit

---

[112] AE I, S. 77//SU I, S. 100.
[113] AE I, S. 117//SU I, S. 151. (Hervorhebungen vom Herausgeber)
[114] AE I, S. 278//SU I, S. 367.
[115] AE I, S. 81//SU I, S. 105. (Hervorhebungen vom Herausgeber)

ihrer *Realität* identifizierte Idee".[116] Bereits weiter oben war im Kontext meiner Ausführungen zum Zweck der Kunst im Allgemeinen und zum höheren und substantiellen Zweck der Kunst im Besonderen auf die wesentliche Aufgabe schöner Kunst hingewiesen worden. Diese besteht darin, die Wahrheit für die Sinne erscheinen zu lassen. Von der Substanz aus betrachtet sind Wahrheit und Schönheit identisch. Lediglich die Rezeption desselben substantiellen Gehaltes durch das Subjekt ist unterschiedlich und negiert die bloße Bedeutungsgleichheit der Terme. Das Wahre ist das Substantielle, wenn es im Denken aufscheint. Das Schöne hingegen ist das Substantielle (oder auch die Idee), wenn es in die Sinne fällt. Hegel schreibt hierzu: „Die Schönheit aber ist nur eine bestimmte Weise der Äußerung und Darstellung des Wahren".[117] An anderer Stelle seiner Vorlesungen beschreibt er mit Einbeziehung des betrachtenden Subjektes den Unterschied von Wahrheit und Schönheit mit folgenden Worten:

> Indem es [das Wahre, d. Verf.] nun in diesem seinem äußerlichen Dasein unmittelbar für das Bewußtsein ist und der Begriff unmittelbar in Einheit bleibt mit seiner äußeren Erscheinung, ist die Idee nicht nur wahr, sondern *schön*.[118]

Unter Bezugnahme auf diese Definition von Schönheit als sinnfälliger Wahrheit betont Hegel nochmals in aller Deutlichkeit die Differenz von richtig und wahr.

> Die Wahrheit der Kunst darf also keine bloße Richtigkeit sein, worauf sich die sogenannte Nachahmung der Natur beschränkt, sondern das Äußere muß mit einem Inneren zusammenstimmen, **das in sich selbst zusammenstimmt** und eben dadurch sich als sich selbst im Äußeren offenbaren kann.[119]

Dieser Unterschied kann anhand eines Beispieles deutlich gemacht werden: Es ist durchaus möglich, ein völlig naturgetreues Stilleben eines Kneipentisches mit vollem Aschenbecher und Bierpfützen auf die

---

[116] AE, I, S. 240//SU I, S. 316. (Hervorhebungen vom Herausgeber)
[117] AE I, S. 99//SU I, S. 127.
[118] AE I, S. 117//SU I, S. 151. (Hervorhebungen vom Herausgeber)
[119] AE I, S. 157//SU I, S. 205. (Hervorhebungen vom Verfasser)

Leinwand zu bannen. Aber selbst, wenn die Darstellung dieser Gegenstände die Perfektion und die kompositorischen Fähigkeiten eines Rembrandt erkennen ließe, bliebe die Abbildung dennoch bloß richtig. Richtig eben, weil die Dinge in ihrem Äußeren perfekt dargestellt wurden. Um hingegen wahr zu sein, bedarf es eines Inhaltes bzw. Gegenstandes der Darstellung, der in sich selbst substantiell und wahrhaftig ist. Letztlich wird somit nochmals die Bedeutung der drei oben angeführten Forderungen, die Hegel an wahre Kunst stellt, betont. In der Beschäftigung mit Hegels Kunstformen- und Gattungslehre in den Folgekapiteln wird ausführlich gezeigt werden, daß diese Postulate am ehesten und vollständigsten erfüllt sind, wenn der absolute Geist zum Gegenstand künstlerischer Darstellung wird.[120] Die Verbundenheit von Kunst, Religion und Philosophie in der gemeinsamen Berufung, das Absolute in Erscheinung treten zu lassen, war schon einmal im Vorangegangenen angerissen worden. Sie wird in der Auseinandersetzung mit der bereits erwähnten These einer Endlichkeit der Kunst bei Hegel und deren Verschärfung in der Interpretation durch bspw. Benedetto Croce eine zentrale Rolle spielen.

Wenn ein der Darstellung würdiger Inhalt zum Ausdruck kommt, gehört die völlige inhaltliche Durchstimmung des Äußeren zur wahren Kunst. Hegel beschreibt die Idealisierung des sinnlich erfahrbaren Anteils am Kunstwerk als eine Art von kathartischem Prozeß:

> Indem die Kunst nun das in dem sonstigen Dasein von der Zufälligkeit und Äußerlichkeit Befleckte zu dieser Harmonie mit seinem wahren Begriffe zurückführt, wirft sie alles, was in der Erscheinung demselben nicht entspricht, beiseite und bringt erst durch diese *Reinigung* das Ideal hervor.[121]

An einem anderen Punkt der *Vorlesungen*, an dem es Hegel um das „Zusammenstimmen des konkreten Ideals mit seiner äußerlichen Realität" geht, postuliert er:

> [...] die äußere Objektivität, insofern sie die Wirklichkeit des *Ideals* ist, muß ihre bloß objektive Selbständigkeit und Sprödig-

---

[120] Dies meint Hegel, wenn er an anderer Stelle von der Darstellung der göttlichen Wahrheit als dem „Mittelpunkt der Kunstwelt" spricht; vgl. AE I, S. 89//SU I, S. 115.
[121] AE I, S. 157//SU I, S. 205f. (Hervorhebungen vom Herausgeber)

keit aufgeben, um sich als in Identität mit dem zu erweisen, dessen äußeres Dasein sie ausmacht.[122]

Hegel exemplifiziert diese Idealisierung, das Aufscheinen der Idee im und am endlichen Stoff vermittels seines, im Kontext der *Vorlesungen* mehrmals verwendeten Bildes eines Portraitmalers. Ein solcher abstrahiert in seiner Arbeit vom Momentanen und Zufälligen. Er würde, um ein Beispiel zu geben, von der Berücksichtigung einer Verletzung oder eines Sonnenbrandes absehen. Er klärt die Darstellung und hebt das zeitlos-Allgemeine, die individuelle Geistigkeit, die Persönlichkeit oder eben den Begriff der darzustellenden Person hervor. Um den weiter oben erwähnten Kunsttheoretiker Hirt zu bemühen: Der Portraitmaler bringt das ‚Charakteristische' zum Vorschein. Gewissermaßen liegt so das Hegelsche Ideal in der Mitte zwischen zwei Extremen. Deren eines ist die Kontingenz der Materie, der Zufall und die Willkür in den Erscheinungen der Natur. Das andere Extrem bestünde im „Allgemeinen in abstrakter Form"[123] - im reinen Denken. Die Kunstgestalt erscheint somit losgelöst von der Partikularität und Zerrissenheit des äußerlichen Daseins. Diese Bestimmung des Ideals leitet direkt zu einer weiteren Eigenschaft desselben über, die, einer Zwischenüberschrift Hothos folgend, mit „Ruhe des Ideals"[124] bezeichnet werden wird.

2.2.1. Die Ruhe des Ideals

Dieses Proprium, das auch als „Heiterkeit und Stille" des Ideals bezeichnet wird, meint das „positive Zurückgenommensein" der

---

[122] AE I, S. 248//SU I, S. 327. (Hervorhebungen vom Herausgeber)
[123] AE I, S. 158//SU I, S. 206f.
[124] AE I, S. 177//SU I, S. 232.

Kunstgestalten, ihr „einfache[s] Beisichsein".[125] Hiermit meint Hegel, daß diese sich nicht in der oben genannten Zufälligkeit des Daseins verlieren. Die Beispiele, die man hierfür angeben könnte sind Legion. Da ist die Ruhe im Schmerz, oder diesem zum Trotz, die sich auf dem gemalten oder in Stein gehauenen Antlitz zahlloser Märtyrer findet. Gerade die christliche, oder um mit Hegels Worten zu reden, die romantische Kunst(-form) ist überreich an Darstellungen dieses losgelösten Zustandes, dieser Gefaßtheit im Erdulden, die aus einem Bewußtsein gerade der bloßen Äußerlichkeit des zu Erduldenden resultiert. Aber nicht nur der leidende Christus oder die heiligen Blutzeugen taugen als Beispiel für das mit Ruhe des Ideals Gemeinte. Um ein antikes Kunstwerk anzuführen, möchte ich auf die Darstellung des Priesters Laokoon und seiner Söhne verweisen. Gemeinhin wird diese als die „Laokoon Gruppe" bezeichnet. Die drei dargestellten Personen werden von einer dem Meer entstiegenen Schlange zu Tode gewürgt. Dementsprechend ist der übergroße Schmerz und die Angst in den Zügen der Gesichter und in der Haltung der Leiber verbildlicht. Der schrecklichen Situation zum Trotz jedoch wirken die Sterbenden gefaßt, sie verlieren sich nicht an die kreatürliche Furcht. Laokoon leidet übermäßig und dennoch ist sein Mund nicht zu lautem Schreien aufgerissen. Er mildert in seiner Haltung den Schrei des Schmerzes zum Seufzen der Klage. Diese Art von Haltung läßt auch die christlichen Marterbilder oft so übermenschlich erscheinen. Die Ruhe und Heiterkeit wirkt göttlich. Die Dargestellten scheinen der Welt des Leidens im Bewußtsein der Unvergänglichkeit des Geistes selig enthoben. Hegel setzt in seinen Ausführungen die soeben charakterisierte Ruhe und Gefaßtheit des Ideals von zwei ähnlich anmutenden und dennoch im Wesentlichen völlig verschiedenen Haltungen ab. Deren erste ist die „abstrakte Ausgelassenheit"[126] oder auch deren Pendant im Bereich der Trauer oder des Schmerzes. Hier dominiert gerade die Haltungslosigkeit, durch die das Idealische der Darstellung unweigerlich verloren gehen muß. Hegel verwendet zur Verdeutlichung des Gemeinten Beispiele aus dem Bereich der musikalischen Kunst. Es handelt sich bei den Exempeln

---

[125] AE I, S. 159//SU I, S. 208. Hegel verweist bezüglich der Heiterkeit auf einen vielzitierten Vers Schillers, wobei er jedoch eine genauere Quellenangabe schuldig bleibt. Das Zitat: „Ernst ist das Leben, heiter ist die Kunst" entstammt dem Drama „Wallensteins Lager". Genaugenommen ist es Bestandteil (Schlußsatz) des Prologs, den Schiller anläßlich der Wiedereröffnung der Weimarer Schaubühne im Oktober 1798 vortrug; vgl. Schneider, Hermann, Blumenthal, Lieselotte (Hrgg.), Schillers Werke. Nationalausgabe. Achter Band Wallenstein, Hermann Böhlaus Nachfolger, Weimar, 1949, S. 6.

[126] AE I, S. 161//SU I, S. 210.

um zwei Opern Carl Maria von Webers, in denen sowohl das Lachen als auch die Verzweiflung in übertriebener, unangemessener und eben darum nicht im Sinne des Ideals schöner Weise zur Darstellung gebracht werden. Eine der Opern, den *Freischütz*, der 1821 uraufgeführt wurde, hatte Hegel in Berlin besucht.[127] Diesem entstammt das Beispiel für übertriebenes Gelächter. Es ist der *Bauernchor* in der ersten Szene des ersten Aufzuges, der in der Musikwissenschaft als geradezu „paradigmatische[r] Chorsatz"[128] für das chorische Gelächter im Bereich der Oper bezeichnet wird. Die zweite (Geistes-)Haltung, welche Hegel von der charakteristischen Ruhe und dem Rückhalt, den das Ideal in sich selbst findet, absetzt, ist die der Ironie. Hier ist das Subjekt nicht im Umgang mit den Partikularitäten des Daseins ruhig und selig. Im Gegenteil negiert die „Seligkeit des Selbstgenusses"[129] gerade diesen Umgang mit den Dingen der Welt. Das Subjekt zieht sich völlig in sich selbst zurück. Das Vollführen einer Handlung wird zwar ersehnt, aber trotzdem niemals ausgeführt. Hegel beschreibt dieses Phänomen, das er auch die „Schwindsucht des Geistes" nennt, wie folgt:

> Es ist dies eine Sehnsucht, welche sich zum wirklichen Handeln und Produzieren nicht herablassen will, weil sie sich durch die Berührung mit der Endlichkeit zu verunreinigen fürchtet.[130]

Das ironische Subjekt verhält sich somit völlig negativ zu seiner Umwelt. Es negiert nicht nur das an sich selbst Nichtige, wie das komische Subjekt. Es zerstört in gleichem Maße die wahrhaft substantiellen Gehalte. Die Unfähigkeit, sich handelnd zu verwirklichen und sich statt dessen ins eigene Selbst zurückzuziehen, findet sich auch bei den Protagonisten jener Literatur, die zur Epoche der Empfindsamkeit zu rechnen ist und für die Hegel kaum mehr als Verachtung empfindet.[131]

---

[127] vgl. hierzu Mayer, a.a.O., S. 153.

[128] Mücke, Panja, Beise, Arnd, Böswillige Masse oder anarchische Menge, verblendet zumeist. Das Lachen des Chors in der Oper vom 17. Jahrhundert bis heute, in: Beise, Arnd, Martin, Ariane, Roth, Udo (Hrgg.), Lach-Arten: Zur ästhetischen Repräsentation des Lachens vom späten 17. Jahrhundert bis zur Gegenwart, Aisthesis, Bielefeld, 2003, S. 34.

[129] AE I, S. 74//SU I, S. 94.

[130] AE I, S. 161//SU I, S. 211.

[131] vgl. hierzu die beißende Polemik gegen Goethes *Werther*, den Hegel als „durchweg krankhafte[n] Charakter" bezeichnet; AE I, S. 237//SU I, S. 313.

Die angeführten Formen der Haltungslosigkeit in Trauer und Freude, wie auch der ironische oder empfindsame Rückzug aus der Wirklichkeit sind der wahren Idealität fremd, denn „eine wahrhaft schöne Seele handelt und ist wirklich".[132] In allem handelnden sich-Vollbringen ist das wahre Ideal ruhig und selig. Es hat einen Halt an sich selbst und verliert sich nicht an die Äußerlichkeiten, in die hinein es sich im Handeln entfaltet. Hegel schreibt hierzu im Kontext seiner Überlegungen zur Handlung als Bestimmtheit des Ideals:

> In dieser Entfaltung allein bewährt sich die Macht der Idee und des Idealen, denn Macht besteht nur darin, sich im Negativen seiner zu erhalten.[133]

Zusammenfassend betrachtet stellt sich die Hegelsche Konzeption des Ideals oder der Idee des Kunstschönen als eine vollständige Verschmelzung von Innen- und Außenseite dar. Diese **Gehalt-Gestalt Einheit** ist total. Ist das Ideal in solcher Vollkommenheit realisiert, gibt es nichts äußerlich Kontingentes mehr. Jeder Teil der Darstellung läßt gleichsam die innere Beseelung des Gegenstandes erkennen. Diese ist dessen Begriff, sein Einheitsmoment, durch welches die Teile der Außengestalt zu Gliedern einer organisch aufzufassenden Ganzheit werden. Hegel verwendet bereits an einem frühen Punkt seiner kunstphilosophischen Überlegungen zum Ideal als solchem ein einprägsames Beispiel für diese im Äußeren aufscheinende Idealität. Er benennt das Auge als dasjenige Organ, in dem sich das Seelische zu erkennen gibt; um es mit anderen Worten zu sagen, augenscheinlich wird. Er schreibt hier, es sei

> von der Kunst zu behaupten, daß sie jede Gestalt an allen Punkten der sichtbaren Oberfläche zum Auge verwandle, welches der Sitz der Seele ist, und den Geist zur Erscheinung bringt.[134]

Das Postulat der idealischen Verbundenheit der Innen- und der Außenseite am wahrhaft schönen Gegenstand bedingt den Großteil der kunstkritischen Äußerungen, die Hegel im Verlauf der Ästhetik tätigt. Im nunmehr anschließenden Abschnitt dieses ersten Hauptteiles wird

---

[132] AE I, S. 74//SU I, S. 96.
[133] AE I, S. 179//SU I, S. 234.
[134] AE I, S. 156//SU I, S. 203.

gezeigt werden, daß auch die Kunstformenlehre und mit ihr Hegels Klassizismus entscheidend von obiger Forderung beeinflußt werden.

2.3. Das Ideal in der Geschichte: Hegels Lehre von den Kunstformen

Nachdem die Hegelsche Konzeption des Ideals als der Idee des Schönen im Vorangegangenen vorgestellt wurde gilt es nunmehr, die Entfaltung der gesamten Kunstgeschichte aus dem obigen Begriff des Ideals nachzuzeichnen. Hegel verfährt, was den methodischen Aufbau seiner philosophischen Kunstlehre anbelangt, nicht historisch bzw. genetisch, sondern dialektisch.[135] Der geschichtliche Ursprung und die Entwicklung der Künste ist für seine Betrachtungsweise wenn nicht irrelevant, so doch von nur untergeordneter Bedeutung. Jener, einzig an der Historie oder dem Empirischen als Ausgangspunkt orientierten Weise, Kunst zu denken, stellt er die konsequente Ausfaltung der Kunstformen und -gattungen aus dem Begriff des Ideals gegenüber.[136] Die Idee ist, so Paul Barth, der „allgemeinste, höchste metaphysische Begriff Hegels".[137] Aus diesem Begriff folgen die Stufen der Selbst-Verwirklichung desselben mit Notwendigkeit. Die Stufenfolge der Realisierung der Idee vollzieht sich, wie so oft bei Hegel, in der Weise eines Dreischritts. Dessen einzelnen Gliedern entsprechen laut Hegel „*drei* Verhältnisse der Idee zu ihrer Gestaltung".[138] Mit jedem dieser Verhältnisse ist eine neue Stufe des Dreischrittes und mithin eine neue Kunstform gegeben. Hegel schreitet dabei vom nicht idealen Verbundensein der Gehalt- und Gestaltseite des Kunstwerkes über deren perfektes Ineinander zum nicht mehr Verbundensein auf der dritten und letzten Stufe fort. Aus Hegels Kunstformenlehre ergibt sich die

---

[135] vgl. diesbezüglich: Barth, Paul, Die Geschichtsphilosophie Hegels und der Hegelianer bis auf Marx und Hartmann. V. Die Entwicklung der Kunst bei Hegel und seinen Schülern, Wissenschaftliche Buchgesellschaft, Darmstadt, 1967, S. 88.

[136] Anm. d. Verf.: das „Empirische als Ausgangspunkt" der „Kunstgelehrsamkeit" war bereits weiter oben Gegenstand dieser Arbeit.

[137] Barth, S. 89.

[138] AE I, S. 82//SU I, S. 107. (Hervorhebungen vom Herausgeber)

bereits angeführte Theorie eines Vergangenheitscharakters der Kunst. Vergangen ist der Höhepunkt der Kunstentwicklung, der als eindeutig überschritten vorgestellt wird. Ich werde im Verlauf des Kunstformen- und des Gattungskapitels dieser Arbeit wiederholt auf diese, rezeptionsgeschichtlich besonders unter Künstlern kontrovers diskutierte These zurückkommen.

2.3.1. Die symbolische Kunstform

Hegel betont die Reziprozität der Bestimmung von Gehalt und Gestaltung. Er schreibt in der *Einteilung* am Ende seiner Einleitung in die Ästhetik:

> Ihren Ursprung finden diese Formen [die Kunstformen, d. Verf.] in der unterschiedlichen Art, die Idee als Inhalt zu erfassen, wodurch eine Unterschiedenheit der Gestaltung, in welcher sie erscheint, bedingt ist.[139]

Die Konkretion der Idee als die der Gehaltseite beeinflußt die Konkretion jeglicher Ausgestaltung derselben im und am äußeren Material. Das erste Verhältnis nun von Inhalt und Form ist durch die Unvollkommenheit im Sinne des Ideals charakterisiert. Die Idee selbst ist noch „abstrakt und unbestimmt".[140] Der Inhalt läßt die geforderte Konkretion vermissen.[141] Gemäß der oben beschriebenen wechselseitigen Bedingtheit von Gehalt und Gestalt zeigt sich auch die Weise, in welcher der Gehalt den Sinnen zugänglich gemacht wird, als unvollkommen, willkürlich und konventionell. Hegel verwendet daher für jene Kunstgegenstände, die in solcher Weise des idealen Ineinander von inhaltlicher und formaler Darstellungsseite entbehren und für die Epochen ihrer Entstehung, den pejorativen Terminus „Vorkunst".[142] Sie ist als solche der wahren und idealen Kunst gegenüber uneigentlich; indem die Unangemessenheit des Inhalts quasi nach der passen-

---

[139] AE I, S. 82//SU I, S. 107.
[140] AE I, S. 296//SU I, S. 390.
[141] Anm. d. Verf.: Die Forderung nach Konkretion des Inhaltes wurde bereits im Kontext der Überlegungen zu Hegels drei Postulaten, die dieser an wahre Schönheit stellt, erwähnt.
[142] AE. I, S. 298//SU I, S. 393.

den, angemessenen Darstellung „sucht" und aufgrund ihrer reziproken Bezogenheit nicht aufzufinden imstande ist.[143] Auf die Kunstgeschichte angewendet erfaßt der Hegelsche Begriff einer symbolischen Kunst in der Hauptsache die altorientalische oder morgenländische Kunst in der Gestalt, die sie in Persien, Indien und in der ägyptischen Hochkultur hatte. Auf deren Darstellungsgegenstand bezogen spricht Hegel vom „Charakter der *Erhabenheit*".[144] Das Erhabene wird hier bestimmt als abstrakt, unbestimmt und ohne Maß. Das ein dergestalter Gegenstand sich einer adäquaten Darstellung entzieht, erscheint geradezu als selbstverständlich und genau in diesem Mangel zeigt sich das Wesentliche der symbolischen Kunstform: Die Gehaltseite als das so bestimmte Erhabene ist zu groß, zu abstrakt-allgemein für die äußere Gestalt. Um mit Hegels eigenen Worten zu reden: „die Idee", so derselbe, „überragt [...] ihr äußerliches Dasein".[145]

Im Anschluß daran widmet sich Hegel verschiedenen begrifflichen Abgrenzungen und einer Stufenfolge des Symbols, in der es von der unbewußten zur bewußten Symbolik fortschreitet. Ich möchte im nunmehr Folgenden versuchen, diese Eigenschaften wiederzugeben.

Jedes Symbol ist gleichsam aus zwei Komponenten zusammengesetzt. Dies läßt sich am Beispiel einer Rose als Symbol der Liebe verdeutlichen. Zunächst ist der empirische Gegenstand, die Rose als Pflanze gegeben. Auf der anderen Seite steht die Liebe als mehr oder minder konkrete Vorstellung. Letztere als Bedeutung findet ihren Ausdruck in der Pflanze, die dadurch, daß sie Ausdruck einer Bedeutung ist, ihr empirisches Dasein transzendiert. Die Rose als Symbol behauptet somit eine mittlere Position. Sie ist mehr als bloß eine Rose und weniger als die Liebe selbst. Jedes Symbol stellt eine Art von Zeichen dar. Auch bei einem Zeichen, bspw. den Worten einer Sprache, sind Ausdruck und Bedeutung verbunden. Hier ist die Verbindung jedoch willkürlich oder arbiträr.[146] Diese Arbitrarität liegt beim eigentlichen Symbol nicht vor. Hier besteht eine Verbundenheit zwischen dem Ge-

---

[143] vgl. bspw. AE I, S. 297//SU I, S. 392: „In dieser Weise *sucht* die symbolische Kunst jene vollendete Einheit der inneren Bedeutung und äußeren Gestalt". (Hervorhebungen vom Herausgeber)

[144] AE I, S. 298//SU I, S. 293. (Hervorhebungen vom Herausgeber)

[145] AE I, S. 298f.//SU I, S. 394.

[146] Anm. d. Verf.: Eine Ausnahme sind die *onomatopoetischen* Begriffe, die häufig in der kindlichen Sprechweise auftauchen. „Wauwau" als Zeichen für einen Hund ist nicht willkürlich gewählt, sondern orientiert sich an einem Bestandteil des Wesens eines Hundes - in diesem Falle an dessen Selbstmitteilung.

genstand und der Bedeutung, als deren Ausdruck er fungiert. Hegel verdeutlicht dies unter anderem am Bild des Kreises als dem Symbol der Unendlichkeit: Die Kreislinie endet nicht. Auch die Rose aus obigem Beispiel bietet sich durch ihre Eigenschaften wie die Verbindung zarter Blätter und scharfer Dornen (Lust und Schmerz) sowie ihre rote Farbe als Symbol der allgemeinen Vorstellung der Liebe an. Dennoch ist die Entsprechung der Bedeutung und des Ausdrucks keineswegs über jeden Zweifel erhaben. Es gehört geradezu zum Wesen des Symbols, „ebenso adäquat als inadäquat"[147] zu sein. Ob ein Gegenstand überhaupt Symbol sein soll und welche von verschiedenen, eventuell möglichen Bedeutungen er versymbolisiert, bleibt letztlich zweifelhaft.

Wie bereits verschiedentlich erwähnt wurde, erscheint in der Kunst, wie auch in Religion und Philosophie das Göttliche oder, wie Vittorio Hösle schreibt: „Das, was im affirmativsten Sinn als Wahrheit gilt".[148] In der symbolischen Kunst ist es das Erhabene als die maßlose und inkonkrete Idee des Göttlichen. Diese sucht die adäquate Verbildlichung und ergreift hierzu die unmittelbaren Naturdinge, die sich jedoch als ungeeignet erweisen, Ausdruck dieser Idee zu sein. Die unausdrückbare, erhabene Idee verzerrt bei dem Versuch in ihnen zu erscheinen die Dinge, die in der Kunst als ihr Symbol bestimmt werden. Hegel schreibt hierzu:

> [...] so steigert sie [die Idee, d. Verf.] nun die Naturgestalten und Erscheinungen der Wirklichkeit selber ins Unbestimmte und Maßlose, sie taumelt in ihnen herum, sie braut und gärt in ihnen, tut ihnen Gewalt an, verzerrt und spreizt sie unnatürlich auf und versucht durch Zerstreuung, Unermeßlichkeit und Pracht der Gebilde die Erscheinung zur Idee zu erheben.[149]

Als ein Beispiel des Geschilderten können die Fruchtbarkeitsgötzen der frühen Kulturen mit ihren ins Groteske vergrößerten Geschlechtmerkmalen angeführt werden. Hegel beschreibt hier die Ebene oder Stufe der unbewußten Symbolik, in der entweder das Naturding und seine Bedeutung eins sind oder jene in ihrer Verzerrung auf diese Bedeutung hinweisen. Generell stellen die Kunstwerke auf dieser Stufe dem Betrachter die Aufgabe, ihre Bedeutung zu erraten. Daran

---

[147] AE I, S. 309//SU I, S. 408.
[148] Hösle, Vittorio, Hegels System. Der Idealismus der Subjektivität und das Problem der Intersubjektivität. Bd. 2 Philosophie der Natur und des Geistes, Meiner, Hamburg, 1987, S. 591.
[149] AE I, S. 83//SU I, S. 108.

schließt die Stufe einer sogenannten *Symbolik der Erhabenheit* an. Sie erkennt entweder als „Kunst des erhabenen Pantheismus"[150] die Anwesenheit des Göttlichen in allen Bestandteilen des Kosmos, oder sie setzt alle diese Bestandteile negativ, d.h. sie sind durch ihr eigenes Ungenügen zu einer Darstellung des Göttlichen, Symbol für dessen Unermeßlichkeit, der nichts in der Welt auch nur im Entferntesten entsprechen könnte. Auf der dritten Stufe der bewußten Symbolik der vergleichenden Kunstform ist die Trennung von Ausdruck und Bedeutung verfestigt. Sie ist im eigentlichen Sinne keine Kunst mehr, deren Schönheit und Idealität ja vom Ineinander beider Seiten abhängt. Das Bild wird hier nur noch zur Ausschmückung des Inhaltes verwendet. Die Metaphern oder Parabeln erhöhen die Plastizität der Bedeutung. Sie machen dieselbe anschaulich. Das Auseinander kulminiert laut Hegel im Lehrgedicht, dessen „Kunstgestalt durchweg äußerlich"[151] bleibt, i.e. sie ist dem Inhalt gegenüber bloßes Mittel.

An dieser Stelle möchte ich die Ausführungen zu Hegels Beschreibung der symbolischen Kunstform „mit ihrem Suchen, ihrer Gärung, Rätselhaftigkeit und Erhabenheit"[152] beenden und zum zweiten Gehalt-Gestalt Verhältnis, wie es in der klassischen Kunstform verwirklicht ist, übergehen.

2.3.2. Die klassische Kunstform

Von der Unvollkommenheit im Sinne des Ideals, die das wesentliche Charakteristikum der symbolischen Kunst ausmacht, entwickelt sich die Kunst zu einem dem Ideal entsprechenden Hochzustand hin. Im Blick auf die Kunstgeschichte geht es um den Übergang von der „Vorkunst" in Persien, Indien und Ägypten hin zur Kunst des alten Griechenlands. Diese Kunst ist für Hegel die einmalige Realisierung der Idee des Schönen. Die Bezeichnungen (griechische) Kunst des klassischen Altertums und Ideal der Kunst erscheinen austauschbar. Sie bedeuten im Denken Hegels dasselbe. Hegel selbst betont zu Beginn seiner Erörterungen zur klassischen Kunstform, daß jede Beschreibung

---

[150] AE I, S. 315//SU I, S. 416.
[151] AE I, S. 317//SU I, S. 417.
[152] AE I, S. 84//SU I, S. 109.

idealer Kunst implizit auf deren Verwirklichung im (griechischen) klassischen Altertum verweist:

> Wir haben daher in der früheren Betrachtung der Idee des Schönen bereits die allgemeine Natur des Klassischen im voraus festgestellt; das *Ideal* gibt den Inhalt und die Form für die klassische Kunst ab.[153]

In der klassischen Kunstform ist die Idealität in totaler Weise verwirklicht. Jede darauffolgende Kunstform muß dieser „schlechthin angemessenen Einheit von Inhalt und Form"[154] gegenüber ein neuerliches Auseinanderfallen der beiden Seiten des Kunstwerkes mit sich bringen. Vittorio Hösle schreibt hierzu:

> Die Triade der Hegelschen Kunstformen hat nämlich einen ganz eigentümlichen Zug: Sie ist linear und nicht dialektisch. Die Vollendung fällt nicht in das dritte, sondern in das zweite Glied.[155]

In der Retrospektive stellt sich ideale Kunst daher als ein Gewesenes dar. Sie ist vergangen und wird, da der Weltgeist weiter fortschreitet, diese ideale Gestalt und Funktion nie wiederfinden. Diese These, die ich bereits im Kontext des Kapitels zu Hegels *Einleitung in die Ästhetik* thematisiert hatte und die sich mit Notwendigkeit aus dem Hegelschen Begriff des Ideals ergibt, wird gemeinhin als These von der Endlichkeit oder dem Vergangenheitscharakter der Kunst bezeichnet.[156]
Ich möchte im direkten Anschluß kurz zu der Weise, in der sich das Ideal in der griechischen Antike realisiert, Stellung nehmen und daraufhin versuchen, die Vorstellung einer endlichen Auflösung der

---

[153] AE I, S. 413//SU II, S. 13. (Hervorhebungen vom Herausgeber)
[154] AE I, S. 297//SU I, S. 391.
[155] Hösle, S. 619.
[156] Anm. d. Verf.: Ich vermeide im Folgenden die Verwendung der Bezeichnung *Tod der Kunst/Death of art* These, da Hegel diese Formulierung an keiner Stelle der *Vorlesungen über die Ästhetik* selbst verwendet. Ich werde am Ende des vorliegenden Abschnittes in Form eines Exkurses auf die, unter dieser Bezeichnung bekannte interpretatorische Radikalisierung der Hegelschen These vom Vergangenheitscharakter der Kunst eingehen.

idealen Kunst als Konsequenz systemimmanenter Entwicklung aufzuzeigen.

Im vorigen Abschnitt war gezeigt worden, daß der symbolischen Kunstform als der ersten Stufe der Kunstentwicklung ein doppelter Mangel anhaftet. Dieser besteht einmal in der Unvollkommenheit des Inhaltes, jener abstrakt unbestimmten und erhabenen Idee und ferner in der Unvollkommenheit der Form, die aufgrund der wechselseitigen Bezogenheit beider Elemente des Kunstwerkes aus der ersten folgt. Die klassische Kunstform als die zweite Stufe der Kunstentwicklung hingegen hebt diese zweifache Inadäquanz der Kunstgegenstände auf. Hegel definiert die klassische Kunstform als „die freie adäquate Einbildung der Idee in die der Idee selber eigentümlich ihrem Begriff nach zugehörige Gestalt".[157] Dennoch warnt Hegel davor, in jeder angemessenen Übereinstimmung, jeder Kongruenz von Gehalt- und Gestaltseite schon das Klassische verwirklicht zu sehen. Eine solche Angemessenheit wäre rein formeller Natur. Wiederum ist an die Hegelschen Postulate an jede wahre Kunst zu denken. Es ist die geforderte Darstellungswürdigkeit des Inhaltes, an die Hegel hier erinnert. Wir hatten das Problem bereits bei der Differenzierung von Richtigkeit und Wahrheit des Kunstwerkes angesprochen. Fehlt der Kunstgestalt ein wahrhaft substantieller Inhalt, so erfüllt die Gehalt-Gestalt Einheit bloß die Kriterien formeller Richtigkeit. Welches aber ist der angemessene Inhalt wahrhaft idealer, klassischer Kunst? Hegels Antwort auf die Fragestellung ist eindeutig:

> Die Eigentümlichkeit des Inhalts besteht [...] im Klassischen darin, daß er selbst konkrete Idee ist und als solche das konkret Geistige.[158]

Diese Bestimmtheit des Geistes negiert die Möglichkeit, daß es sich bei dem Geist, der den Inhalt des klassischen Kunstgegenstandes ausmacht, um den „schlechthin absoluten Geist" handelt, „der **nur** in der *Geistigkeit* und Innerlichkeit selber sein gemäßes Dasein findet".[159] Hegel nun sieht einzig in der Leib-Seele Union des menschlichen Leibes die größtmögliche Versinnlichung des Geistes realisiert. Er fordert daher, die ideale Gestaltseite des klassischen Kunstwerkes müsse

---

[157] AE I, S. 84//SU I, S. 109.
[158] AE I, S. 84//SU I, S. 109.
[159] AE I, S. 297//SU I, S. 391. (Kursiv vom Herausgeber/Fettdruck vom Verfasser)

> [...] an sich selber schon ihre Bedeutung, und näher zwar die Bedeutung des Geistes haben. Diese Gestalt ist wesentlich die *menschliche*, weil sie allein befähigt ist, das Geistige in sinnlicher Weise zu offenbaren.[160]

Charles Taylor faßt diese Bestimmung der idealen Gestalt im Rahmen des Kunstkapitels seiner umfassenden Hegel Darstellung wie folgt zusammen:

> [...] die einzig adäquate sinnliche Gestalt für die Idee ist letztlich der Mensch, denn der Mensch ist Geist. Zu dieser Einsicht gelangten die Griechen, und ihre Kunst ist daher die Kunst der Freiheit des Geistes in vollkommener Harmonie mit seiner Verkörperung im Menschen. Das ist die große Periode, in der die Götter in menschlicher Gestalt [...] begreifbar gemacht werden.[161]

Der Mangel nun, der auch der klassischen Kunstform und ihrer vollendeten Realisierung des Idealen anhaftet und den Weg zur Auflösung der Idealität weist, liegt genau in der Bestimmtheit und Besonderung der konkreten, individuellen Geistigkeit, wie sie dem Menschen eignet, begründet. Es handelt sich eben nicht um absolute Innerlichkeit und Allgemeinheit. Die konkrete, freie Individualität, die in der griechischen Plastik vor die Sinne tritt, ist darum nicht absolute Geistigkeit, weil sie einer Gestalt einbildbar ist. Hegel schreibt:

> Denn die Außengestalt ist **als äußere** überhaupt bestimmte besondere Gestalt und vermag zu vollendeter Verschmelzung selber nur wieder einen bestimmten und deshalb beschränkten Inhalt in sich darzustellen, während auch der in sich selbst besondere Geist allein vollkommen in eine äußere Erscheinung aufgehen und sich mit ihr zu trennungsloser Einheit verbinden kann.[162]

---

[160] AE I, S. 419//SU II, S. 21. (Hervorhebungen vom Herausgeber)
[161] Taylor, Charles, Hegel, Suhrkamp, Frankfurt, 1978, S. 624.
[162] AE I, S. 297//SU I, S. 391f. (Hervorhebungen vom Verfasser)

Zwar ist das klassische freie Subjekt der Kunst von allen Partikularitäten und Zufälligkeiten gereinigt, es ist demnach in einem Zustand höherer Allgemeinheit; dennoch ist es nicht der absolute, in sich freie Geist, der sich aufgrund seiner schlechthinnigen Allgemeinheit nicht mehr im Gegenständlichen angemessen verwirklicht.

Wenn nun ideale Kunst in der Versinnlichung des Geistigen besteht, so ist mit der griechischen Kunst des klassischen Altertums der Zenith des Kunstschaffens erreicht. Sowohl im Symbolischen als auch in der romantischen Kunst überwiegt der Anteil des geistigen Inhaltes der Außenseite gegenüber. Nur in der Kunstreligion des Griechentums waren Geist und Gestalt, Inhalt und Form im Zustand ausgeglichener Einheit. Es ist ein kurzer Hochpunkt, der unwiederbringlich überschritten ist. In dieser Feststellung gründet sich die Hegelsche These, es handele sich bei der idealen und wahren Kunst um etwas Vergangenes. Sie soll nun in aller Kürze betrachtet werden, wobei besonders die Radikalisierung der These in ihrem Für und Wider erwogen werden soll.

Kunst ist für Hegel die erste Stufe im in-Erscheinung-Treten des absoluten Geistes. Als solche wird sie von der Innerlichkeit religiöser Vorstellungen überholt, die ihrerseits vom reinen Gedanken der spekulativen Philosophie überwunden werden. Es ist ein zu-sich-Kommen des Absoluten, das sich als stete Entwicklung zeigt.[163] Diese gipfelt in der Philosophie. Die Zeit also, in der die Kunst selbst das in der Welt Sein des Göttlichen war, ist zu Ende. Taylor schreibt zu Hegels Begriff einer Religion der Kunst oder Kunstreligion, er wende diesen nicht nur darum an,

> [...] weil sie [die griechische Religion, d. Verf.] die erste ist, die zu einer adäquaten Kunst-Vorstellung vom Absoluten als Geist findet, sondern auch aus dem Grunde, weil sie die letzte ist, die prinzipiell auf Kunst beruht. Die Religionen, die der griechischen folgen, werden [...] Kunst nicht mehr länger als das paradigmatische Medium ihres Bewußtseins vom Absoluten betrachten [...]. Der Kunst wird nur noch eine untergeordnete Rolle zugestanden, eine minderwertige Illustrierung dessen, was nur im Geist, im inneren geistigen Verständnis begriffen werden kann.[164]

---

[163] Charles Taylor verweist auf eine Aussage Hegels im Kontext der *Phänomenologie des Geistes*, nach welcher der absolute Geist im Wesentlichen Resultat ist. vgl. Taylor, a.a.O., S. 608.

[164] Taylor, a.a.O., S. 625.

Sir T. M. Knox schreibt über diesen Hochpunkt der Kunstentwicklung:

> Symbolic art was superseded by the glory of classical art where meaning and shape coincided; in the plastic figures of greek statuary [...] objective and subjective coalesced. It was as if art and religion were one. [...] The gods were worshipped *in* the statues, and the greek bowed the knee to the statues for that reason.[165]

Das Vergangensein dieses Zustandes bedeutet jedoch nicht zwingend ein schlechthinniges Abgestorbensein der Kunst, deren völlige Negation durch das Darauffolgende und die Unmöglichkeit, überhaupt noch sinnvoll Kunst schaffen zu können. Vergangen ist die Kunst nur als Mittel zur sinnlichen Erkenntnis des Absoluten. Vittorio Hösle unterstreicht diese Sichtweise, indem er betont, mehr noch als bspw. die religiöse Vorstellung

> ist also die Kunst als der Weg zur Erkenntnis des Absoluten, der allein der Antike möglich war, überholt und vergangen. Nun ist die *so verstandene* These vom Ende der Kunst durchaus sinnvoll [...]. Noch weniger als die Religion kann die Kunst absolute Erkenntnis beanspruchen – diese ist allein der Philosophie möglich.[166]

oder wie Rüdiger Bubner es formuliert:

> The high tide of art production has gone with antiquity. The more an intellectual force of reflection enters the production of art, the less the art can be concidered an autonomous form of absolute spirit. A reflective element starts to overwhelm the work of art. This is the expression of the essential process of transition from art to philosophy through history.[167]

---

[165] Knox, Sir T. M., The puzzle of Hegel's Aesthetics, in: Steinkraus, Warren E./Schmitz, Kenneth (Hrgg.), Art and Logic in Hegel's Philosophy, Humanities Press, New Jersey, 1980, S. 3f.
[166] Hösle, a.a.O., S. 599. (Hervorhebungen vom Herausgeber)
[167] Bubner, Rüdiger, Hegel's Aesthetics: Yesterday and Today, in Steinkraus et altera, a.a.O., S. 17.

Die wichtigsten Vertreter der These vom „Tod der Kunst" bauen selbige neben dem soeben skizzierten überschrittenen Hochpunkt auf einzelnen prägnanten Stellen der Vorlesungen auf,[168] deren Bedeutung jedoch teilweise vom Kontext unabhängige Radikalisierungen erfährt. Curtis L. Carter zeigt in seinem Artikel über die fragliche Interpretation von Hegels Vorlesungen zunächst das Fortschreiten des Geistes von seiner "sensous manifestation" in der Kunst zu den ideelleren Formen der Vorstellung und des (philosophischen) Gedankens, "which come closer to the true qualities of spirit".[169] Daß diese Weiterentwicklung des in-Erscheinung-Tretens den Vergangenheitscharakter der Kunst bedingt, stellt er nicht in Frage; wohl aber eine Verschärfung, die durch Interpreten wie Benedetto Croce, Erich Heller oder Israel Knox in Hegels Thesen Einzug hält. Deren Verständnis sei, so Carter, problematisch

> [...] because it presumes that an advancement in the stages of dialectic evolution from art to philosophy results in the annihilation or uselessness of the previous stages. This view is in conflict with Hegel´s explanation of the dialectic. Hegel discribes the stages of the dialectic in his Preface to *The Phaenomenology of Mind* as equally necessary moments of an organic unity that constitutes the life of the whole.[170]

Hegel sieht keineswegs die aufgehobenen Vorstufen als nichtig an. Laut Carter besteht bei den letztgenannten Interpreten eine Tendenz zu einer mechanischen Sicht des dialektischen Fortschreitens, nach der überschrittene Stufen 'tot' und eben nicht Bestandteil höherer Erscheinungsformen sind, deren Wesen es ist: "always [to] reproduce within themselves the prior developments and give them new meaning".[171] Ebenfalls unzulässig ist nach Carter die radikale Sicht der Aufhebung der Kunst, wie sie sich nach Hegels Auffassung in der romantischen Kunstform ereignet. Die von Carter zitierte Passage findet sich in He-

---

[168] Anm. d. Verf.: vgl. hierzu besonders das Hegel Zitat aus der Einleitung AE I, S. 22//SU I, S. 25: „In allen diesen Beziehungen **ist und bleibt die Kunst nach der Seite ihrer höchsten Bestimmung für uns ein Vergangenes.**" (Hervorhebungen vom Verfasser)

[169] Carter, Curtis L., A Re- examination of the 'Death of the Art' Interpretation of Hegel´s Aesthetics, in: Steinkraus et altera, a.a.O., S. 86.

[170] Carter, a.a.O., S. 86.

[171] Carter, a.a.O., S. 86.

gels Einteilung seiner Betrachtungen zur romantischen Kunstform.¹⁷² Es geht um das Auseinanderfallen der sinnfälligen Außengestalt und des subjektiven Inneren, welches schließlich dazu führt, daß die Kunst „sich aufhebt". Carter kommt in seinen kritischen Anmerkungen zur These vom „Tod der Kunst" an dieser Stelle auch auf die Übersetzungsproblematik zu sprechen. Diese bedingt vor allem die Ausbreitung der These im englischen Sprachraum. Der Satz, nach dem die „Kunst sich selbst aufhebt" wird in der von Osmaston besorgten Übersetzung der *Vorlesungen über die Ästhetik* mit "Art commits an act of suicide"¹⁷³ wiedergegeben. Carter betont, „aufheben" sei keinesfalls mit einem Selbstmord gleichzusetzen. Im Gegenteil handele es sich bei der Formulierung um einen der "most enigmatic terms"¹⁷⁴ im Denken Hegels. Als solcher beinhalte der Terminus unter anderem den Aspekt eines konservierenden in sich Einschließens des Gewesenen.¹⁷⁵ Carter kommt, womit ich den kurzen Exkurs zur "Death of Art" Interpretation abschließen möchte, zu folgendem Fazit: Die radikalisierende Deutung ist kaum haltbar. Er schreibt:

> My conclusion is that Hegel did not intend the death of art. He uses the principle of dialectic to show the limits of art for communicating the highest religious truths of interest to man [...] the [...] force of the arguments offered here [...] recommends an interpretation that includes a future for art and warrants aban-

---

172 „Dadurch erhalten wir als Endpunkt des Romantischen überhaupt die Zufälligkeit des Äußeren wie des Inneren und ein Auseinanderfallen dieser Seiten, durch welches **die Kunst selbst sich aufhebt** und die Notwendigkeit für das Bewußtsein zeigt, sich höhere Formen, als die Kunst sie zu bieten imstande ist, für das Erfassen des Wahren zu erwerben.", vgl. AE I, S. 509//SU II, S. 142. (Hervorhebungen vom Verfasser)

173 vgl. Carter, a.a.O., S. 93.

174 Carter, a.a.O., S. 94.

175 Anm. d. Verf.: Zum Bedeutungspluralismus des Wortes „aufgehoben" innerhalb Hegelscher Dialektik schreibt Siegfried Bimberg: „[...] aufgehoben im Sinne von «beseitigt», verschwunden, aufgehoben im Sinne von «aufbewahrt» und aufgehoben im Sinne von «hinaufgehoben», abgehoben, auf eine höhere Qualitätsebene gehoben. vgl. Bimberg Siegfried, Kaden, Werner, Lippold, Eberhard (Hrgg.), Handbuch der Musikästhetik, VEB, Leipzig, 1986, S. 365; vgl. hierzu auch die Metapher von W. Heister am Ende des Kapitels zu Hegels Wesensbestimmung der Musik als „kadenzierte Interjektion".

donment of the negative thesis of Croce, Heller and Israel Knox.[176]

Im Anschluß an die Darstellung der klassischen Kunstform als Verwirklichung des Ideals sowie des endlichen Zerfallens von subjektivem Inneren und äußerlicher Objektivität und der daraus resultierenden Meinungen über ein Ende der Kunst als solcher möchte ich nunmehr zur letzten Kunstform überleiten. Es sei nochmals der kurze Hinweis gestattet, daß die folgenden Erläuterungen zur romantischen Kunst wie auch das abschließende Gattungskapitel keineswegs beanspruchen, der Vollständigkeit Genüge zu tun. Hauptgegenstand meiner Untersuchung wird die Musikästhetik im zweiten Hauptteil dieser Arbeit sein, weswegen eine Beschränkung der vorangehenden Erläuterung allgemeiner ästhetischer Ansichten Hegels nicht nur empfehlenswert, sondern geradezu notwendig erscheinen muß.

2.3.3. Die romantische Kunstform

Bei den bisher betrachteten Verhältnissen der Idee zu ihrer äußeren Gestalt offenbarte sich selbiges zunächst im Bereich der symbolischen Kunst in der Weise eines wechselseitigen nicht-Entsprechens beider Seiten. Eine Folge davon waren die rätselhaften und grotesken Bild- und Bauwerke der altorientalischen Vorkunst. Im Klassischen und vor allem in dessen wichtigster Gattung, der Plastik, hingegen zeigten sich Inhalt und Außenseite in vollendeter Entsprechung.[177] Kein noch so winziger Aspekt der Gestalt war hier vorhanden, der nicht ein sich-Zeigen des Inhaltes und somit zufällig gewesen wäre. Das Ideal, die Hegelsche Idee der Schönheit, war in der Kunstreligion der alten Griechen in einmaliger und vollkommener Weise realisiert. Die klassische Kunstform erwies sich somit als „begriffsgemäße Darstellung des Ideals, die Vollendung des Reichs der Schönheit".[178] Die singuläre Idealität der Klassik unterstreicht Hegel zudem mit den Worten „Schöneres

---

[176] Carter, a.a.O., S. 98.

[177] Anm. d. Verf.: Eine kurze Erläuterung der Hegelschen Sicht der Bildhauerei als gattungsbezogen authentischste Weise der Verwirklichung klassischer Idealität wird Bestandteil des Gattungskapitels am Ende des ersten Hauptteils meiner Arbeit sein.

[178] AE I, S. 498//SU II, S. 127f.

kann nicht sein und werden".[179] Dennoch ist die Kunstentwicklung mit dem Erreichen des Zeniths nicht abgeschlossen. Der undialektischen Linearität derselben gemäß folgt auf die soeben charakterisierte vollendete Verschmelzung im zweiten Glied des Dreischritts ein weiteres Gestalt-Inhalts Verhältnis, das sich als ein neuerliches Auseinanderdriften der Relate auf höherem Niveau darstellt; auf höherem Niveau deshalb, weil der Geist in der klassischen „Versinnlichung" durch die Kunst *„nicht seinem wahren Begriffe nach* zur Darstellung kommt".[180] Es ist dies ein Geschehen, das bereits innerhalb der klassischen Kunstform sich andeutet. - Hegel verweist auf die Satire als genuin römische Kunstgattung. Diese beruht im Wesentlichen genau auf einem Uneinssein eines moralisch hochwertigen Subjektes mit der äußeren Realität, in der sich dasselbe vorfindet. Das Subjekt richtet sich nunmehr satirisch gegen die Zustände in Staats- und Gesellschaftsleben, mit denen es nicht mehr in fragloser Unmittelbarkeit eins sein kann. - In der romantischen Kunstform löst sich der Geist aus der Unmittelbarkeit seines Verbundenseins mit seinem objektiven Dasein, „da die Unmittelbarkeit unwürdig ist der Seligkeit der Seele in sich".[181] An die Stelle der totalen Einheit des Geistes mit seiner äußeren Gestalt tritt die Einheit des Geistes mit sich selbst im ihm eigenen Bereich der Innerlichkeit, der Empfindung und des Gemütes. Die subjektive Geistigkeit als selbstreflexives sich-Wissen und deren Dasein in der äußeren Welt sind aus ihrer vollendeten Verbundenheit gelöst und stehen nunmehr als Getrennte einander gegenüber. Dieses Verhältnis entspricht somit nicht mehr der bisherigen Konzeption idealer Schönheit. Hegel unterscheidet jedoch zwischen zwei differenten Formen des Ideals. Zunächst das „echte[...] Ideal", dessen „reinen Boden" die klassische Kunstform nicht „überschreitet".[182] Die bislang im Kontext meiner Untersuchung beschriebene Idealität gleicht voll und ganz „dem speziellen Sinne des *klassischen* Ideals".[183] Ferner nennt er eine neue romantische Idealität, die hier auf einer höheren Stufe der Kunstentwicklung angesiedelt ist. Mit Hegels Worten:

---

[179] AE I, S. 498//SU II, S. 128. Anm. d. Verf.: Diese Äußerung Hegels zeigt, daß Carters Neuinterpretation verschiedener im Sinne der "Death of Art"-These ausgelegter Sätze aus Hegels Ästhetik noch kein Ende des Diskurses um die Frage der Möglichkeit sinnvoller Kunstausübung in der Gegenwart bedeutet.

[180] AE I, S. 85//SU I, S. 111. (Hervorhebungen vom Herausgeber)

[181] AE I, S. 508//SU II, S. 140.

[182] AE I, S. 422//SU II, S. 25.

[183] AE I, S. 459//SU II, S. 74. (Hervorhebungen vom Herausgeber)

> Allerdings dürfen wir das Ideal nicht aus dem Begriffe und der Realität der romantischen Kunst ausschließen, in bezug jedoch auf das klassische Ideal erhält es eine ganz veränderte Gestalt.[184]

War das klassische Ideal die Einheit des Geistes mit seinem Anderen, das in diesem Falle die materielle Außengestalt war; so ist das Ideal in der romantischen Kunst die Geistigkeit, die ebenfalls in Einheit mit einem Anderen ist. Dieses Andere des Geistigen ist jedoch nicht die objektive Natur, sondern im Gegenteil ein anderes selbstbewußtes und geistiges Subjekt. Mit diesem ist der Geist eins - er liebt. Liebe ist für Hegel das Ideal der romantischen Kunst. Dementsprechend existiert auch ein Unterschied im Bereich der Schönheit, die sich in Schönes im Sinne klassischer Idealität und geistige Schönheit im Medium der Innerlichkeit aufteilen läßt.

Die klassische Verschmelzung oder „Ergossenheit" des Geistes in die individuelle menschliche Gestalt bedingte die künstlerische Aufspaltung des Absoluten in einen Kreis individueller Göttergestalten. Hegel schreibt hierzu:

> Als [...] in unmittelbarem Dasein dargestellte und damit bestimmte und besondere Individualität wird die Göttlichkeit notwendig zu einer *Vielheit* von Gestalten. Dem Prinzip der klassischen Kunst ist der Polytheismus wesentlich und es wäre ein törichtes Unternehmen, den Einen Gott der [...] Religion, welche Gott als geistige und rein innere Persönlichkeit faßt, in plastischer Schönheit ausgestalten zu wollen.[185]

Genau dies ist jedoch im Romantischen, wie Hegel es definiert, der Fall. Hier ist es der

> [...] einzige und allgemeine Gott selber, in dessen Leben und Leiden, Geburt, Sterben und Auferstehen sich nun auch für das

---

[184] AE I, S. 510//SU II, S. 143.
[185] AE I, S. 469//SU II, S. 88. (Hervorhebungen vom Herausgeber)

endliche Bewußtsein offenbar macht, was Geist, was das Ewige und Unendliche seiner Wahrheit nach sei.[186]

Für Hegel ist die romantische Kunst mit der christlichen Kunst des Mittelalters gleichzusetzen. Die Kunst stellt das Leben und Leiden Christi, sowie der Heiligen und Märtyrer dar. Einen einerseits begrenzten Inhalt, den, und hierin liegt eine weitere differentia specifica der romantischen Kunstform zu ihren Vorstufen, die Kunst nicht als Kunst selbst hervorbringt. Sie entlehnt ihn der religiösen Offenbarung. Religion wird hierdurch „wesentliche *Voraussetzung*"[187] der Kunst. Der Inhalt aber erscheint nicht nur eingeschränkt, sondern zugleich usque ad infinitum ausgedehnt.[188] Das Subjekt steht zum vorgegebenen Inhalt in mannigfaltigen Beziehungen. Zudem baut sich ein Widerspruch zwischen dem Subjekt und der es umgebenden Welt auf. Tod, Leiden, Sünde, verfehltes oder gelingendes Leben sind im Klassischen, da Innen und Außen total verbunden sind, kaum möglich. Es bedarf des Widerspruches, der Trennung und Gespaltenheit. Die äußere Welt der Objektivität wird im Romantischen als solche abgewertet. Ihr kommt nur noch ein bloßer Verweisungscharakter auf die mit sich selbst versöhnte Innerlichkeit zu. Hegel spricht, bezogen auf die romantische Kunst, von der „äußerlichkeitslosen Äußerung", die er als ein von den Eigengesetzlichkeiten des dreidimensionalen Raumes unabhängiges, den Wesensmerkmalen der Schwere und Dichte materieller Gebilde weitestgehend entzogenes „Klingen" und Tönen"[189] beschreibt. Bereits die verwendete Metaphorik deutet auf die speziellen Kunstgattungen, die Hegel der dritten Kunstform zuweist, hin. Er folgert,

> der Grundton des Romantischen, weil eben die immer vergrößerte Allgemeinheit und rastlos arbeitende Tiefe des Gemüts das Prinzip ausmacht, sei *musikalisch* und, mit bestimmtem Inhalte der Vorstellung, *lyrisch*.[190]

---

[186] AE I, S. 502//SU II, S. 132.
[187] AE I, S. 507//SU II, S. 139. (Hervorhebungen vom Herausgeber)
[188] vgl. AE I, S. 506//SU II, S. 138.
[189] vgl. AE I, S. 508//SU II, S. 140f.
[190] AE I, S. 508//SU II, S. 141. (Hervorhebungen vom Herausgeber)

Hiermit möchte ich die Beschreibung der romantischen Kunst auf der dritten Stufe der Kunstentwicklung abschließen. Desgleichen endet der Abschnitt zu den Kunstformen, wie sie in den *Vorlesungen über die Ästhetik* dargestellt werden. Als letztes Kapitel der allgemeinästhetischen Betrachtungen des ersten Hauptteiles meiner Arbeit folgt eine kurz gefaßte Schilderung der Einzelkünste in ihrer der Wertigkeit folgenden Anordnung. Hierbei wird die Musik, da sie Gegenstand des dritten Hauptteiles sein wird, nicht eigens Erwähnung finden.

2.4. Hegels Lehre von den Kunstgattungen

Im Anschluß an die Betrachtung der Kunstformen als den verschiedenen Verhältnissen des ideellen Inhaltes der Kunstwerke zu der Weise ihres Ausdrucks in der äußeren Materie, handelt dieses Kapitel von der Unterschiedenheit der einzelnen Künste und deren systematischem Ort innerhalb der *Ästhetik* Hegels. Die Gattungen sind das Besondere zur Allgemeinheit der Kunst als solcher; oder wie Horst Althaus es ausdrückt:

> In den Einzelkünsten wie Architektur, Dichtung, Musik zeigt die Kunst verschiedene Gesichter, so wie die Natur in Vulkanen, Menschen, Tierleibern, Kristallen, Wasser, Luft, Feuer zu finden ist.[191]

Im Kontext dieser einführenden Untersuchung kann, was die einzelnen Künste anbelangt, jeweils nur ein knapper Abriß ihrer wesentlichen Eigenschaften und Bestimmungen, wie sie Hegel in seiner *Ästhetik* nachzeichnet, gegeben werden. Grund hierfür ist, wie bereits verschiedentlich bemerkt wurde, die Fokussierung der Aufmerksamkeit auf die Besonderung der romantischen Kunstform in der musikalischen Gattung.

---

[191] Althaus Horst, Hegel und die heroischen Jahre der Philosophie. Eine Biographie, Carl Hanser, München, 1992, S. 416.

2.4.1. Die Architektur

Die Baukunst ist nach Hegel die erste der einzelnen Künste. Dies meines Erachtens eher zweifelhafte Privileg kommt ihr zunächst dadurch zu, daß sie dem Begriff nach die erste ist. Begrifflich fällt der Architektur die **erste Aufgabe der Kunst** zu. Diese besteht darin „das an sich selbst Objektive, den Boden der Natur, die äußere Umgebung des Geistes zu gestalten".[192] Um einmal die Sprechweise der Bibel zu verwenden, könnte man sagen, der Architektur fiele die Aufgabe zu, ‚dem Herrn die Wege zu bereiten'. Sie schafft erst die Umgebung für die Bildsäule des Gottes oder die „Versammlung der Gesammelten"[193], wie Hegel die Gemeinde bezeichnet. Sie ist jedoch auch in Bezug auf ihre Existenz die erste Kunstgattung. Dies hängt direkt mit Hegels Kunstformenlehre zusammen. Die Kunstgattungen sind für Hegel die „Realisation" der allgemeinen Kunstformen „in bestimmtem sinnlichen Material".[194] Als **Realisation der symbolischen Kunst** ergreift die Architektur die unmittelbare äußere Umgebung und beginnt sie zu verändern. Hierbei ist sie den Eigengesetzlichkeiten des Materials verhaftet, bei dem es sich um das „an sich selbst Ungeistige" handelt: die „schwere und nur nach den Gesetzen der Schwere gestaltbare Materie".[195] Sie bleibt daher, dem Grundcharakter des Symbolischen entsprechend, stets nur auf der Suche nach einer wirklich adäquaten Ausgestaltung. Die Ordnung architektonischer Gebilde ist die der Symmetrie und Regelmäßigkeit; Hegel spricht bezüglich dieser abstrakt verstandesmäßigen Gliederung auch von der „Musik ihrer Verhältnisse".[196] Er teilt nun die Entwicklung der Baukunst in drei Phasen auf, die jeweils einer der Kunstformen entsprechen. Dies ist ein Proprium der Architektur, das selbige von anderen Gattungen unterscheidet. Hegel schreibt hierzu:

> Wenn daher die Architektur ihrem Grundcharakter nach durchweg symbolisch bleibt, so machen dennoch die Grundformen des eigentlich Symbolischen, Klassischen und Romanti-

---

[192] AE II, S. 24//SU II, S. 267.
[193] AE I, S. 90//SU I, S. 117.
[194] AE I, S. 88//SU I, S. 114.
[195] AE II, S. 17//SU II, S. 259.
[196] AE II, S. 50//SU II, S. 303. Anm. d. Verf.: Auf die Parallelen zwischen den Kunstgattungen Architektur und Musik beabsichtige ich im Rahmen des dritten Kapitels einzugehen.

schen in ihr das näher Bestimmende aus und sind hier von größerer Wichtigkeit als in den übrigen Künsten.[197]

Ich möchte zum Abschluß der Bemerkungen zur Architektur auf diese drei Phasen eingehen. Hierbei ist ein entscheidendes Kriterium für die Differenzierung derselben, ob es sich bei der Architektur um selbständige oder um dienende handelt.

Die erste Phase der Entwicklung offenbart sich als eigentlich symbolische Architektur. Sie ist selbständig und dient somit keinem Zweck als dem, in ihren Gebilden in der Weise des Symbols eine Vorstellung zu transportieren. Hegel nennt als ein Beispiel die Phallussäulen, in denen die „produktive Gewalt der Zeugung"[198] durch die Orientalen verehrt wurde.

Die zweite ist die klassische Architektur. In ihr ist der Gegenstand der Verehrung nicht mehr als Symbol durch das Bauwerk ausgedrückt; er steht im Gegenteil *„abgesondert von dem Bauwerk für sich selber da"*.[199] Klassische Architektur ist in der Hauptsachen dienend. Sie dient der Skulptur des Gottes als schöne Umschließung.

Die romantische Architektur als dritte Phase stellt schließlich die Vereinigung beider vorangegangener Charakteristiken dar. Sie ist zugleich einem von ihr unterschiedenen Zweck dienstbar und behauptet in dieser Funktion dennoch ihre Eigenschaft einer selbständigen Totalität. Romantische Architektur ist für Hegel mit dem gotischen Baustil des Mittelalters gleichzusetzen. Zum Einen sind die Kathedralen des Hochmittelalters in Deutschland und Frankreich, um Beispiele für die Gotik zu nennen, „für den Kultus [...] schlechthin zweckgemäß".[200] In gleichem Maße jedoch stellen sie zum Anderen eine unabhängige Ganzheit dar. Sie bilden in ihrer für die Ewigkeit fest gegründeten Einheit und der überirdischen Magie ihrer gläsernen Farb- und steinernen Formgebung ein irdisches Modell des himmlischen Jerusalem. Hierbei ist die Einheit der Bauten so total, daß die verspieltesten Partikularisierungen gotischer Fassadengestaltung immer in jene eingebunden bleiben.

---

[197] AE II, S. 27//SU II, S. 271.
[198] AE II, S. 33//SU II, S. 279.
[199] AE II, S. 51//SU II, S. 304.
[200] AE II, S. 71//SU II, S. 331.

So gestaltet sich die Architekturentwicklung als ein Fortgang von Selbständigkeit zu Dienstbarkeit und weiter zur ganzheitlichen Verschmelzung beider Aspekte in der Baukunst des christlichen Mittelalters.

2.4.2. Die Bildhauerei

Im Gegensatz zur Baukunst löst sich das Erzeugnis bildhauerischer Tätigkeit von jeder Bindung an einen von ihm unterschiedenen Zweck. Hegel schreibt dazu:

> Die Gestalt der Skulptur reißt sich deshalb von der architektonischen Bestimmung, dem Geiste als eine bloß äußere [...] Umgebung zu dienen, los und ist ihrer selbst wegen da.[201]

Auch die Skulptur ist, wie die erste Kunstgattung, eng an die Gesetze der schweren Materie in ihren drei räumlichen Dimensionen gebunden. Das Geistige jedoch bleibt ihr nicht ein äußerliches, letztlich nicht adäquates Anderssein, sondern zeigt sich der Außengestalt vollkommen eingegossen. Hierzu heißt es:

> [...] die Skulptur ergreift, statt sich zu ihrem Ausdruck symbolischer, die Geistigkeit bloß *andeutender* Erscheinungsweisen zu bedienen, die menschliche Gestalt, welche die *wirkliche* Existenzweise des Geistes ist.[202]

Somit ist der Leib des Menschen die durch den Inhalt bestimmte Form als schlechthin angemessene; ein „vom Geist durchatmeter objektiver Organismus".[203] Es ist das eigentliche Prinzip der Skulptur „die Einheit des *ordo rerum extensarum* und des *ordo rerum idearum*, die erste schöne Einigung von Seele und Leib"[204] darzustellen. Nicht zuletzt aufgrund dieser totalen Verbindung steht die Plastik den mehr ideellen Künsten

---

[201] AE II, S. 88//SU II, S. 352.
[202] AE II, S. 91//SU II, S. 357. (Hervorhebungen vom Herausgeber)
[203] AE II, S. 18//SU II, S. 259.
[204] AE II, S. 95//SU II, S. 362. (Hervorhebungen vom Herausgeber)

der Malerei und der Poesie in gewissem Sinne nach, da Letztere ebenfalls die menschliche Gestalt abzubilden und zu beschreiben in der Lage sind, ohne den Gesetzen der Schwere gehorchen zu müssen. Durch die vollkommene Ausgewogenheit ihrer Anteile stellt sie, wie bereits in vorangegangenen Abschnitten unterstrichen wurde, die „eigentliche Kunst des klassischen Ideals"[205] dar. Die griechische Plastik ist die Realisation oder die Besonderung klassischer Kunst in Reinform. Es ist abschließend zu betonen, daß dies laut Hegel allzuvorderst auf die Einzelstatue zutrifft. In der Situationslosigkeit und heiteren Gelöstheit des einzelnen Gottes ist das Ideal eher verwirklicht als in der Skulpturengruppe oder dem Relief. Hier nämlich erscheinen die Gestalten stärker in die Partikularitäten des Daseins verwickelt, was die reinste Idealität, wie sie sich in unbefangener Vereinzelung zeigt, ausschließt.[206]

2.4.3. Die Malerei

In der symbolischen Kunstform zeigte sich die Objektivität, die materielle Außenseite als das Überwiegende. In der klassischen Kunst und ihrer Primärgattung der Skulptur waren Objektivität und Subjektivität zu vollendeter Ausgewogenheit vermittelt. Die romantische Kunst löst dieses Einssein neuerlich auf. Hegel beschreibt diesen Umstand wie folgt:

> Die Subjektivität ist der Begriff des ideell fürsichselbstseienden, aus der Äußerlichkeit sich in das innere Dasein zurückziehenden Geistes, der daher mit seiner Leiblichkeit nicht mehr zu einer trennungslosen Einheit zusammengeht.[207]

Das Subjektive, das weite Gebiet der Innerlichkeit als Empfindung und Vorstellung, wird das ausschlaggebende Moment. Dementsprechend gestaltet sich die hierarchische Anordnung der drei romantischen Künste: der Malerei, der Musik und schließlich der Poesie. Mit jeder romantischen Kunstgattung ist ein weiterer Schritt in Richtung völliger

---

[205] AE II, S. 94//SU II, S. 360.
[206] vgl. hierzu: AE II, S. 146f.//SU II, S. 431f.
[207] AE II, S. 170//SU III, S. 11.

Bedeutungslosigkeit des äußeren Materials getan. Den ersten Schritt zur „Aufhebung der realen sinnlichen Erscheinung"[208] macht die Malerei. Die Skulptur stand als dreidimensionaler, materieller Gegenstand frei im Raum. Die Malerei negiert nun eine der drei Dimensionen. Die Räumlichkeit wird, durch die Negation der Tiefe, zur Fläche reduziert. Jeglicher Raum ist flächiger Schein des Raumes. Zudem wird die Masse und Dichte des Gegenständlichen zum Spiel der Farben. Hegel schreibt, das „sinnliche Element" der Malerei sei

> [...] die Verbreitung in die Fläche und das Gestalten durch die *Besonderung* der Farben, wodurch die Gegenständlichkeit, wie sie für die Anschauung ist, zu einem vom Geist an die Stelle der realen Gestalt gesetzten künstlerischen Schein verwandelt wird.[209]

Eine weitere wichtige Differenz zu den bildenden Künsten liegt in der Farbe. Die Skulptur mit ihren farblos steinernen Augen läßt keine selbständige Innerlichkeit erkennen; sie wirkt deshalb auf den unbedarften Betrachter kalt.[210] Das Material der Malerei ist die Farbe, deren jeweilige Besonderheiten aus der Vereinigung des Lichtes und der Dunkelheit als einander widerstrebenden Prinzipien hervorgehen. Eine bestimmte Farbe wäre nach Hegel eine bestimmte Mischung aus Licht und Dunkel. Hegel bemerkt hierzu: „Die Gestalt wird durch Licht und Schatten gemacht und ist für sich als reale Gestalt überflüssig".[211] Etwas weiter unten schreibt er über das „höhere und reichere Prinzip der Farbe":

> Hier hört solche Färbung auf, eine andere fängt an und dadurch ist alles da: Form, Entfernung, [...] das Sinnlichste und das Geistigste.[212]

---

[208] AE II, S. 18//SU II, S. 260.
[209] AE II, S. 178//SU III, S. 22. (Hervorhebungen vom Herausgeber)
[210] vgl. hierzu: AE II, S. 174f.//SU III, S. 16f.
[211] AE II, S. 186//SU III, S. 33.
[212] AE II, S. 187//SU III, S. 34.

Farbigkeit erscheint als mehr „subjektivierte und ideellgesetzte Sichtbarkeit", die sich in der Negation räumlicher Ganzheit zur Fläche reduziert und von der vollständigen Sinnlichkeit zur größeren Innerlichkeit fortschreitet.[213] Die Reduktion des Äußeren erscheint als dem „Prinzip des Innerlichwerdens" immanent.[214]

An zweithöchster Stelle in der Hierarchie der Einzelkünste verortet Hegel die Musik, mit der ich mich im dritten Teilstück meiner Arbeit auseinandersetzen werde.

2.4.4. Die Poesie

Um die überwiegend allgemeinästhetischen Betrachtungen des ersten Teils vorliegender Studie zum Abschluß zu bringen, möchte ich nun noch einige wenige Bemerkungen zur poetischen Kunst an der Spitze der Gattungshierarchie anführen. Hegel bezeichnet die Dichtkunst als die „allgemeine Kunst des in sich freigewordenen, nicht an das äußerlich-sinnliche Material zur Realisation gebundenen Geistes".[215] Die Poesie, unter deren Begriff Hegel sowohl Lyrik, als auch Epik und Dramatik subsumiert, ist die Kunst der Innerlichkeit schlechthin. Die romantische Verlagerung des Schwerpunktes der Kunst in das empfindende Subjekt findet hier ihren Abschluß. Wie bereits im Abschnitt zur romantischen Kunst bemerkt wurde, erfährt der Inhalt der Kunst durch die Subjektivierung eine starke Aufweitung. In der Poesie, so Hegel, zeigt sich diese am uneingeschränktesten:

> Denn alles, was das Bewußtsein konzipiert und in seinem eigenen Inneren geistig gestaltet, vermag allein die Rede aufzunehmen, auszudrücken und vor die Vorstellung zu bringen.[216]

---

[213] AE I, S. 92//SU I, 120.
[214] AE II, S. 182//SU III, S. 26.
[215] AE I, S. 94//SU I, S. 123.
[216] AE II, S. 19//SU II, S. 260. Anm. d. Verf.: Zur Rede zählt für Hegel auch die Beredsamkeit, die jedoch nicht derart mißtrauisch beäugt wird, wie es bei Kant der Fall war. Sie bedient sich des Künstlerischen als Mittel zu einem außerhalb der Kunst liegenden Zweck. Redende Kunst im Vollsinne ist jedoch allein die Poesie, vgl. AE II, S. 355-358//SU III, S. 261-266.

Proportional hierzu verringert sich der Wert des äußeren Materials bis hin zur völligen Bedeutungslosigkeit. Ihm eignet in der Dichtkunst bloßer Mittelcharakter. Ob es sich um den mündlichen Vortrag oder um die schriftliche Fixierung handelt, das äußere Material ist nicht mehr Zweck, sondern bloß übermittelndes Zeichen.[217] Um ein eigenes Beispiel anzuführen: Rilkes „Requiem" Gedichtzyklus bleibt in seiner Genialität unberührt; unabhängig davon, ob er auf Zeitungsresten oder auf handgeschöpftem Wasserzeichenpapier mit Goldschnitt niedergeschrieben wird. Durch diese Besonderheit markiert die Poesie nicht nur die „Mitte zwischen den Extremen der unmittelbar sinnlichen Anschaulichkeit und der Subjektivität des Empfindens und Denkens".[218] Sie ist gleichsam ein Übergang und bedeutet, als dem Begriff nach letzte oder höchste der fünf reinen Einzelkünste,[219] das Ende des Bereichs der Kunst im Gebiet des absoluten Geistes. Die Dichtkunst verläßt „das Element versöhnter Versinnlichung" und tritt „aus der Poesie der Vorstellung in die Prosa des Denkens"[220] über.

---

[217] vgl. hierzu bspw.: AE II, S. 331//SU III, S. 229f.

[218] AE II, S. 398//SU III, S. 319.

[219] Anm. d. Verf.: Hiermit ist gemeint, daß diese fünf Künste für klare begriffliche Unterscheidungen und deren reale Ausgestaltung stehen. Es geht nicht um Misch- bzw. Zwischenformen oder um die „unvollkommenen Künste" wie bspw. Gartenbaukunst; vgl. AE II, S. 20//SU II, S. 262.

[220] AE I, S. 94//SU I, S. 123.

3. Musik als kadenzierte Interjektion: Die Musikästhetik G.W.F. Hegels

3.1 Vom Verhältnis der Musik zu den übrigen Künsten: Gleichheit, Differenz, Wertigkeit

In den vorangegangenen Kapiteln ist gezeigt worden, wie Hegel aus dem Begriff des Ideals als der Idee des Schönen die gesamte Kunstgeschichte und die Gattungsgenese dialektisch entfaltet. Aus dieser systemimmanenten Folgebestimmtheit der Kunstentwicklung ergeben sich begrifflich bedingte Relationen, sowohl der Kunstformen untereinander, als auch ihrer reellen Konkretisierung in den einzelnen Künsten. Die musikalische Gattung ist ebenso, nicht zuletzt durch ihren spezifischen begrifflichen Ort im System, in unterschiedlicher Weise auf andere Besonderungen der drei Kunstformen resp. Einzelkünste bezogen. Diesem in-Beziehung-Sein der Musik soll im Folgenden nachgegangen werden. Maßgeblich für die vielgestaltigen Relationen sind im Rahmen der ästhetischen Betrachtung Hegels die Unterschiedenheit und die Übereinstimmung, soweit diese aufgrund der distinkten definitorischen Bestimmtheit der reinen Kunstgattungen überhaupt konstatiert werden können. Häufig kann nur von partieller Ähnlichkeit gesprochen werden. Hegels Augenmerk richtet sich bei seiner Untersuchung der Verhältnisse vor allem auf die Weise, in der die Musik und die übrigen Gattungen das ihnen gegebene Material gestaltend ergreifen. Hinzu kommt eine Betrachtung funktionaler Aspekte der Künste, soweit diese einer anderen Kunst oder dem Kultus dienen. Die hierarchische Staffelung der Gattungen schließlich wird im Wesentlichen von deren Abhängigkeit ihrem äußerem Material gegenüber bedingt.

Zunächst möchte ich die Beziehungen der Musik zur Architektur, wie sie sich im Denken Hegels darstellen, untersuchen und hierauf, der Gliederung Hothos folgend, das Verhältnis derselben zur Plastik, Malerei und Poesie beleuchten.

3.1.1 Musik und Architektur

Vor der Folie der Feststellung, daß sich gerade die romantischen Künste zunehmend von der äußerlichen Materialität entfernen, scheint es zunächst nicht sehr wahrscheinlich, viele Übereinstimmungen zwischen Musik und Architektur aufzufinden.

Bereits die Malerei als erste der romantischen Kunst zuordenbare Gattung hatte mit der Negativsetzung des Raumes und der Schwere durch Reduktion zu Zweidimensionalität und Farbenschein den ersten Schritt in Richtung ideellerer Kunst getan. Die Musik geht diesbezüglich noch einen Schritt weiter, wie meine Ausführungen zum Material und zur Wesensbestimmung derselben, wie Hegel sie vornimmt, zeigen werden.

Dennoch verweist Hegel auf einige Parallelen zwischen beiden Künsten, die ich nunmehr aufzuzeigen beabsichtige.

Wie die Architektur basiert auch die innere Ordnung musikalischer Werke auf Relationen und Strukturen, die durch Zahlen und somit in Form mathematischer Verhältnisse ausdrückbar sind. Hegel erwähnt diesbezüglich eine Äußerung Friedrich von Schlegels, der aufgrund dieser Parallelität die Baukunst als „gefrorene Musik"[221] bezeichnet hatte. Hier offenbart sich eine erste, wichtige Problemstellung, welche die gesamte Musik(-ästhetik-)geschichte durchzieht. Es ist die Frage, ob die mathematische Form tatsächlich wesentlich zur Musik gehört; eine Sichtweise, wie sie bspw. von Leibniz und Kant vertreten wird[222]; oder ob die Möglichkeit, Musik mathematisch durch Zahlenverhältnisse auszudrücken letztlich nichts weiter ist als ein Parallelismus oder eine Analogie, die sich als ein Äußerliches, eine Abstraktion dem subjektiv-emotional bestimmten Verhältnis in der Musik gegenüber darstellt. Ich werde mich diesem Problem im weiteren Verlauf noch einmal ausführlicher widmen. An dieser Stelle genügt zunächst die Feststellung, daß sowohl musikalische als auch architektonische

---

[221] AE II, S. 53//SU II, S. 305.

[222] Anm. d. Verf.: Dieser hat die Musik und deren Rezeption durch das Subjekt einmal als ein „unbewußtes Zählen der Seele" beschrieben; vgl. hierzu: Moser, Hans Joachim, Musikästhetik, de Gruyter, Berlin, 1953, S. 29. In seinen *epistolae ad diversos* lautet die Formulierung: „musica est exercitium arithmeticae occultum nescientis se numerare animi (die verborgene arithmetische Übung eines Geistes, der nicht weiß, daß er zählt)"; hier zitiert nach: Haase, Rudolf (Hrg.), Der Briefwechsel zwischen Leibniz und Henfling. Ein Beitrag zur Musiktheorie des 17. Jahrhunderts, Vittorio Klostermann, Frankfurt, 1982, S. 37.

Artefakte durch Zahlenverhältnisse abgebildet werden können. Beide Künste strukturieren ihr Material in Form harmonischer Verhältnisse. Der nahezu völligen Unterschiedenheit des jeweiligen Materials ungeachtet zeigt sich dasselbe als durch Regelmaß und Symmetrie bestimmt. Von Takt und Rhythmus bspw. einer Fassadengliederung zu sprechen, ist in der Baukunst durchaus Usus. Auch wenn Hegel bemerkt, der Takt in der Musik und die Regelmäßigkeit in der Baukunst hätten „dasselbe Geschäft"[223], betont er doch deren Unterschiedenheit. Ein Regelmaß findet sich auch im Natürlichen. Der Takt hingegen entspringt einer Setzung des Ich allein, das vermittels solcher Setzung die Abfolge der Töne in der Zeit für sich gliedert. Die „abstrakte Identität"[224] des Taktes ist Produkt subjektiver Geistigkeit und behauptet so ihre Höherwertigkeit.

Eine weitere Gemeinsamkeit beider Gattungen besteht in der Funktion, etwas von ihnen Unterschiedenes zu umgeben und einzurahmen. Der Tempelbau schuf erst die entsprechende geistgestaltete Umgebung für die Plastik des Göttlichen in ihrer Mitte. Ähnlich verhält es sich auch bei der Musik und vor allem dort, wo sie in Verbindung mit Text auftritt. Der Text, das poetische Element, transportiert konkrete Vorstellungen und Inhalte. Die Musik hingegen transportiert nur die Innerlichkeit der Empfindung als solche und bleibt, trotz ihrer größeren Innerlichkeit, der Vorstellung und dem Gedanken gegenüber unbestimmt. Hegel schildert eine Musik, welche

> [...] mehr nur das Element der Empfindung auszudrücken befähigt bleibt und nun die für sich ausgesprochenen Vorstellungen des Geistes mit den melodischen Klängen der Empfindung umzieht, wie die Architektur [...] um die Bildsäule des Gottes [...] die verständigen Formen ihrer Säulen, Mauern und Gebälke umherstellt.[225]

Tritt also Musik in dieser Weise als dienend auf, wie sie es bspw. tut, wenn sie sich nicht als Instrumentalmusik in dem ihr eigenen Bereich von Ausdrucksmöglichkeiten ergeht, sondern vielmehr das poetische Wort oder den Gedanken als begleitende Musik umkleidet,

---

[223] AE II, S. 284//SU III, S. 166.
[224] AE II, S. 285//SU III, S. 166.
[225] AE II, S. 264//SU III, S. 138.

teilt sie eben diesen funktionalen Aspekt mit der Baukunst.[226] Die mathematisch darstellbare Ordnung, die Musik und Architektur an ihrem Material in der Gestaltung desselben erkennen lassen und die Möglichkeit, dienender Musik und dienender Architektur ähnlich bestimmte Funktionen zuzuweisen, stellen nach Hegel deren wichtigste Gemeinsamkeiten dar.[227] Wegen der ansonsten starken Unterschiedenheit beider Gattungen möchte ich auf die offensichtlichen Differenzen wie räumlich-zeitlich und objektiv-subjektiv nicht eigens Bezug nehmen.

Auf die Hegelsche Sicht und Bewertung der Instrumental- und der begleitenden Musik, sowie auf die musikwissenschaftliche Kritik an dieser Einschätzung werde ich noch genauer eingehen.

3.1.2 Musik und Skulptur

Zwischen der nun zu betrachtenden Gattung und der Musik besteht unleugbar die größte Differenz. Neben der offenkundigen Unterschiedenheit in Material und Anschauungsform, die wir auch bei der Architektur erwähnt hatten, gibt es weitere Merkmale der wesentlichen Verschiedenheit, auf die ich im Folgenden eingehen möchte.

Erstens besteht schon durch die Kunstformen, deren Besonderungen die Gattungen darstellen, ein deutlicher Unterschied. Die Skulptur als die Primärgattung der klassischen Kunst bringt es zu jener völligen Einswerdung von Objektivität und Subjektivität, welche das Wesen des klassischen Ideals ausmacht. Im Gegensatz dazu zeigt sich im Falle der Musik als der zweiten romantischen Kunst ein deutliches Übergewicht der subjektiven Innerlichkeit. Dem Skulpturwerk steht eine zur Abfolge von Punkten in der Zeit reduzierte Materialität gegenüber.

---

[226] Anm. d. Verf.: Es ist hierbei zu betonen, daß begleitende Musik selbstredend nur dann als dienende Kunst zu bezeichnen ist, wenn sie, anstatt auf ein ausgewogenes Verhältnis zwischen ihr und dem jeweiligen Text zu achten und ihren eigenen Kunststatus zu behaupten, sich ganz den Vorgaben des Textes unterwirft und ihre Funktion in bloßer Illustration und Ausschmückung desselben erschöpft.

[227] Anm. d. Verf.: Die Übereinstimmungen von Musik und Architektur bei der das Kunstwerk hervorbringenden (kollektiven) Subjektivität werden, da sie Teil der Bemerkungen zur Skulptur sind, hier nicht eigens erläutert.

Zweitens sind die plastischen Artefakte der Bildhauerei Gegenstände „reale[r] Ausbreitung in wirklicher [...] Totalität".[228] Sie sind im dreidimensionalen Raum im Zustand andauernder Gegenständlichkeit. Sie vergehen nicht, wie es das Wesen des Klanges ist. Schon Kant hatte auf den transitorischen Charakter der Musik hingewiesen. Hegel bestätigt diese Sichtweise und beschreibt den Unterschied beider Gattungen wie folgt:

> [...] die Äußerung [der Musik, d. Verf.] bringt es nicht zu einer räumlich *bleibenden* Objektivität, sondern zeigt durch ihr haltungslos freies Verschweben, daß sie eine Mitteilung ist, die, statt für sich selbst einen Bestand zu haben, nur [...] für das subjektive Innere dasein soll.[229]

Ein dritter Unterschied liegt in der Art und Weise, wie die Künste zu ihrem Material gelangen. Die bildenden Künste finden ihr Material wie Holz, Stein, Gold sowie die Pflanzen und Tierprodukte, aus denen bspw. Farben gewonnen werden können, in der Natur vor. Sie können es entweder sofort verwenden, oder bedürfen zu seiner kunstgemäßen Zubereitung (wie der Mischung der Farben) kaum nennenswerter Anstrengung. Die Musik hingegen bedarf der, ebenfalls durch Kunst-Handwerk entstandenen und zuvor im Geist vorgestellten und konzipierten, Instrumente die, je größer das Spektrum ihrer klanglichen Möglichkeiten ist, um so komplizierter in ihrem Aufbau sind; man vergleiche zur Verdeutlichung eine Bambusflöte mit einem Konzertflügel. Trotz der Komplexität ihrer Bauweise sind die Instrumente als solche erst die Möglichkeitsbedingung der Entstehung des eigentlichen musikalischen Materials: der Töne und Klänge. Hegel betont, hierbei sei „die menschliche Stimme ausgenommen, welche unmittelbar die Natur gibt".[230] Nach meiner Auffassung ist an dieser Stelle zu bemerken, daß kaum je ein Sänger, sofern er nicht nur in der heimischen Badewanne zu konzertieren beabsichtigte, ohne die Verfeinerung seines natürlichen Organs durch stimmbildende Maßnahmen ausgekommen wäre. Sie liegt demnach nicht, wie der Stein, als fertiges, kunstgerechtes Material in der Natur vor, sondern bedarf, ähnlich wie die Farbe des Malers, der Zubereitung.

---

[228] AE II, S. 282//SU III, S. 163.
[229] AE II, S. 262//SU III, S. 136. (Hervorhebungen vom Herausgeber)
[230] AE II, S. 290//SU III, S. 173.

Viertens liegt ein deutlicher Unterschied im Bereich der künstlerischen Exekution. Steht im Falle der Bildhauerkunst das fertige Skulpturwerk als Resultat der Anstrengung des Kunstschaffenden vor den Augen des Betrachters, so ist bei der Musik das andauernde Handeln des Musikers, sein Spiel, die Möglichkeitsbedingung ihrer Rezeption.[231] Sieht man einmal von dem fortdauernden Eindruck des verklungenen Musikstücks in der Erinnerung dessen, der es wahrgenommen hat ab, könnte man ausgehend von Hegels Bemerkungen zu der Feststellung gelangen, das Handeln der Musiker geschähe ohne ein Ziel. *Ziel* wäre hier im Sinne eines auf die künstlerische Tätigkeit folgenden Ergebnisses aufzufassen. Worauf die Musik abzielt ist vielmehr das simultane Spielen und gehört-Werden: ihr momentanes sich-Ereignen.

Fünftens und letztens liegt eine Differenz in der künstlerischen Subjektivität selbst begründet. Bei Plastik und Malerei liegen Entwurf und Ausführung in den Händen eines Individuums. In der Musik und im Übrigen auch in der Architektur ist es hingegen ein Kollektivsubjekt. Der Architekt ‚schleppt' nicht selbst die Steine für seine Kathedrale. Er delegiert diese subalternen Tätigkeiten an ausführende Kräfte. So agiert auch der Komponist; mit dem Unterschied, daß dieser durchweg der künstlerisch befähigten ‚Arbeiter' bedarf.[232] Auch wenn letzterer mit der Komposition als solcher bereits ein Werk vorlegt, stellt die Partitur, der rein zeitlichen Musik gegenüber, ein zweidimensionales und materielles Abstraktum dar.

3.1.3 Musik und Malerei

Wie jene der Architektur und der Skulptur sind auch die Werke der Malerei von bleibender Gestalt im Raum. Auch sie findet ihr Material mehr oder minder fertig in der Natur vor und ist in gewisser Weise den Eigengesetzlichkeiten derselben verhaftet. Diese Differenzen zur Musik, die letztlich aus dem Wesen der bildenden Künste als solchen resultieren, möchte ich hier nicht nochmals reflektieren. Es geht vielmehr um die spezifischen Unterschiedenheiten und Übereinstimmungen von Malerei und Musik.

---

[231] Anm. d. Verf.: Dies ist auch im Zeitalter der technischen Reproduzierbarkeit nicht anders. Schallplatten- oder CD Spieler müssen ‚laufen' damit man die Musik hören kann.
[232] vgl. AE II, S. 305//SU III, S. 194 sowie die Beurteilung dieses Aspektes bei Zander, S. 123.

Ein erster solcher Unterschied liegt in der Wirkungsweise des Kunstwerkes begründet. Die Malerei spricht den Betrachter aufgrund ihrer weitaus subjektiveren Inhalte direkter an. Sie kommt ihm näher als eine blicklose Plastik oder ein Bauwerk; nicht zuletzt auch deshalb, weil ihr „Schein der Realität", das Vorspiegeln von Räumlichkeit und Massivität durch farbige Flächen „wesentlich für das beschauende [...] Subjekt"[233] erzeugt wurde. Dennoch schauen wir ein Gemälde als Objekt, als etwas außer uns Befindliches an. Das subjektive Empfinden des Rezipienten ist der Anschauung des Gegenstandes gegenüber sekundär. Laut Hegel ergreift das Bildnis nicht direkt die Innerlichkeit des Beschauers. Er bleibt somit in seiner Kunstbetrachtung freier als der Hörer von Musik, deren Effekte unmittelbar auf sein Inneres, sein Gemüt zu wirken imstande sind.

Einen weiteren wichtigen Unterschied beider Künste sieht Hegel in der größeren Selbständigkeit des Tones als des musikalischen Materials. Der Ton ist eine „selbständige, in sich fertige Existenz".[234] Er ist als solche nicht direkt, etwa in Form einer Abhängigkeitsrelation auf andere Töne bezogen. Die einzelnen Linien und Flächen eines Bildes erhalten hingegen, so die Auffassung Hegels, nur im Gesamtzusammenhang einen Sinn und eine Bedeutung. Der isolierte, freie Ton ist jedoch bereits in seiner Vereinzelung in der Lage, bis zu einem gewissen Grade empfindungsartige Inhalte zu transportieren und diesen durch sich einen Ausdruck zu verleihen.

Eine letzte Differenz, auf die ich in diesem Kontext eingehen möchte, liegt im Verhältnis beider Künste zur naturgetreuen Wiedergabe bzw. zur Naturnachahmung. Im Falle der Malerei sei, so Hegel, „die Naturtreue [...] vollständig an ihrer Stelle".[235] Das Bildnis erzielt oft durch die wirklichkeitsnahe Darstellung einer Situation die größte Wirkung, allerdings nur, sofern der Inhalt das Postulat der Darstellungswürdigkeit erfüllt. Ist dies nicht der Fall, wirkt die getreue Nachahmung des Gegenstandes schnell abgeschmackt. Die Musik demgegenüber bleibt nicht bei der unmittelbar natürlichen Gefühlsäußerung, der bloßen Interjektion als Freuden- oder Schmerzensschrei stehen. Sie verklärt die Natürlichkeit, mildert sie ab und macht ihr Dasein somit erst der Kunst gemäß. Ich werde diesen Vorgang bei der Betrachtung der Hegelschen Wesensbestimmung der Musik als *kadenzierte Interjektion* noch ausführlich behandeln.

---

[233] AE II, S. 275//SU III, S. 153.
[234] AE II, S. 280//SU III, S. 159.

3.1.4 Musik und Poesie

Mit der Beschreibung des Verhältnisses der Dicht- und Tonkunst untereinander schließt die gesonderte Betrachtung der Beziehungen aller reinen Einzelkünste zur Musik ab. Die Poesie unterscheidet sich von der Musik und den bildenden Künsten zunächst durch den Sachverhalt, daß sie eine Vereinigung der Eigenarten derselben „auf einer höheren Stufe, in dem Gebiete der geistigen Innerlichkeit selber"[236] darstellt. Wie auch die Musik wirkt sie unmittelbar auf das Gemüt und spricht direkt in das Innere des rezipierenden Subjektes hinein. In gleichem Maße jedoch läßt sie in dessen Vorstellung eine „objektive Welt" entstehen, „welche die Bestimmtheit der Skulptur und Malerei nicht durchaus verliert".[237] Da die Dichtkunst von Musik und bildender Kunst zudem durch die Unabhängigkeit von äußerem Material unterschieden ist und in solcher Freiheit keiner materialen Beschränkung ihrer Darstellungsinhalte unterworfen ist, bezeichnet sie Hegel an einer Stelle seiner Vorlesungen als „allgemeine Kunst".[238]

Die letztgenannte Ungebundenheit nun macht, laut Hegel, den „wesentlichen Unterschied zwischen Musik und Poesie"[239] aus. Zwar teilen sich beide Gattungen die Expressionsweise des äußeren und inneren Klingens. Dennoch ist das gestalterische Bearbeiten des Tones in der Musik deren wesentlicher Zweck; ein Zweck, der im Bereich des Sinnlichen liegt. Zweck der Dichtung sind dagegen die *„geistigen* Formen"[240] der Vorstellung und der inneren Anschauung. Sie nimmt die „Trennung des äußerlichen Materials von dem geistigen Inhalt"[241] vor, die in der Musik unterbleibt.

Eine weitere Differenz besteht in der Unabhängigkeit der Poesie von einem festen Takt, einer Setzung des Subjekts zur Strukturierung und Festigung der verklingenden Abfolge von Tönen in der Zeit. Die Dichtung hingegen erhält ihre innere Gliederung unmittelbar durch die Vorstellungen, die sie in Wortform transportiert.[242] Genausowenig dependiert der Klang der Worte, welcher ohnehin nicht Zweck der

---

[235] AE II, S. 307//SU III, S. 197.
[236] AE II, S. 327//SU III, S. 224.
[237] AE II, S. 327//SU III, S. 224.
[238] AE II, S. 334//SUIII, S. 233.
[239] AE II, S. 330//SU III, S. 228.
[240] AE II, S. 331//SU III, S. 229. (Hervorhebungen vom Herausgeber)
[241] AE II, S. 275//SU III, S. 153f.
[242] vgl. AE II, S. 381//SU III, S. 296.

Dichtung ist, von einer spezifischen ‚Klangtheorie', als eines poetischen Pendants zur Musiktheorie, die den Tönen (veränderbare und sich verändernde) Grenzen setzt.[243] Bevor ich meine Beschreibung der poetisch-musikalischen Relation abschließe, möchte ich noch auf zwei weitere Punkte eingehen.

Deren erster ist eine Gemeinsamkeit beider Gattungen. Sie sind aufgrund ihrer vordergründigen Zeitlichkeit in der Lage, Geschehnisse sukzessiv, als und in ihrer Abfolge darzustellen; nicht nur deren situative Kulmination (wie bspw. in der Malerei) oder statische Gestalt (wie im Falle der Bildhauerei).

Zudem bescheinigt Hegel der Dichtung im Gegensatz zur Musik eine überepochale, zeitlose Aktualität. Die Tonkunst hat ihren Höhepunkt in Kulturkreisen und Epochen christlicher Prägung, im abendländischen Raum. Solche begrenzten Räume und zeitlichen Phasen der Hochentwicklung kennt die Dichtkunst nicht. Hegel schreibt hierzu:

> Die Poesie aber feiert bei allen Nationen und in allen Zeiten fast, welche überhaupt in der Kunst produktiv sind, Epochen des Glanzes und der Blüte. Denn sie umfaßt den gesamten Menschengeist und die Menschheit ist vielfach partikularisiert.[244]

3.2 Von den primären Bestimmungen der Musik: Material, Anschauungsform, Inhalt

In diesem Abschnitt sollen die elementaren Grundlagen musikalischer Kunst überhaupt einer Betrachtung unterzogen werden. Es geht somit um die fundamentalen Bedingungen ihres Daseins sowie ihre Rezeption. Deren erste nun ist die Materialität, die stoffliche Seite der Musik.

---

[243] vgl. AE II, S. 377//SU III, S. 291. Anm. d. Verf.: Mein Zusatz in Klammern besagt nur, daß Auffassungen über bspw. das Harmonische nichts Absolutes, sondern im Gegenteils etwas durchaus Wandlungsfähiges sind.

[244] AE II, S. 343//SU III, S. 245.

3.2.1 Vom Material der Musik: Ton und Klang

Wir hatten bereits im Vorangegangenen als Grundbestimmung der romantischen Künste den zunehmenden Einfluß der Subjektivität im Verhältnis zur äußeren Materie, die schließlich in der Dichtung bedeutungslos wird, reflektiert. Die Malerei tat mit der Tilgung der Tiefe als dritter Raumdimension, der Negation der Schwere und deren Ersetzung durch die Täuschungsmittel der Farbe, den ersten Schritt in diese Richtung. Die Tonkunst, als zweite Realisierung des romantischen Prinzips, geht über diese erste Stufe ideeller Kunst hinaus. Dies zeigt sich vorrangig dadurch, daß ihr Material gleichsam ein Nicht-Material ist. Ein Stoff, der als solcher aus einer Negation des Stofflichen und deren neuerlicher Negation durch die Kohärenz des stofflichen Gegenstandes hervorgeht. Ich möchte versuchen, die Hegelsche Sicht der spezifisch musikalischen Bildung des eigentlichen Materials der Kunst durch die Kunst am Beispiel eines Streichinstrumentes wie dem Kontrabaß zu verdeutlichen. Die Baßgeige besteht aus Resonanzkörper, den Saiten, den mechanischen Teilen, anders gewendet aus Hölzern, Naturstoffen wie Darm (oder Haar im Falle des dazugehörigen Bogens) und chemischen Bestandteilen wie speziellen Leimen und Lacken. Sie ist ein fester, räumlicher und materieller Körper, dessen Bestandteile, bis hin zu deren molekularer Struktur, sich in Ruhe neben- bzw. auseinander im Raum befinden. Wird nun vermittels des Bogens, dessen Bespannung auf den Saiten reibt, ein Impuls auf den in Ruhe befindlichen Körper übertragen, verändert sich dessen Zustand. Er wird so bewegt, daß er „sein ruhiges Auseinander aufgibt".[245] Der erzitternde Körper wird negiert. Wird nun der von außen kommende Impuls zu stark, wird die Negation total; ein Umstand, den Hegel nicht eigens beschreibt, der aber nach meinem Dafürhalten das Verständnis solcher Negation erleichtert. In unserem Beispiel würde der Klangkörper durch den Impuls zerstört werden. Die Negation ist jedoch nicht total. Sie reicht nur so weit, den ganzen Baß erzittern zu lassen, genauer *in Schwingung zu versetzen*. Die Negation selbst wird nämlich durch die Kohärenz des Gegenstandes der Klangerzeugung wiederum negiert. Jedes Teilchen strebt durch den inneren Zusammenhalt an seinen vorherigen Platz zurück. Das Instrument schwingt. Hegel schreibt dazu, „der *Ton*, das Material der Musik" sei

---

[245] AE II, S. 260//SU III, S. 134.

> [...] das Resultat jenes inneren Erzitterns des Körpers, durch welches nicht mehr die ruhige materielle Gestalt, sondern die erste ideellere Seelenhaftigkeit zum Vorschein kommt.[246]

Es ist demnach ein Material, das der Erscheinung subjektiver Innerlichkeit gemäß ist, da es keinen objektiven Bestand für sich erhält. Um einen Kantischen Terminus zu bemühen: das Klingen ist *transitorisch*, es vergeht, kaum daß es entstanden ist. Adolf Nowak schreibt in seiner Untersuchung Hegelscher Musikästhetik unter Verweis auf die *Enzyklopädie*, deren ästhetische Passagen in dieser Arbeit aufgrund der Beschränkung auf die *Vorlesungen über die Ästhetik* unberücksichtigt bleiben mußten, den Vorgang wie folgt:

> »Es ist dies das Übergehen der materiellen Räumlichkeit in materielle Zeitlichkeit.« Zwar ist das materiell Räumliche, der Körper, auch immer schon zeitlich bestimmt, sofern er vergänglich ist; doch erscheint er primär als »dauernd« (§264), als ruhendes Nebeneinander seiner materiellen Teile. [...] In der für sich gesetzten Negation des Räumlichen muß dessen materielle Verfassung im vollen Sinne »aufgehoben« sein [...]: Negiert ist die materielle Verfassung nur als ruhende, erhalten ist sie gerade als funktionierende, als Reaktionsbewegung ihrer nebeneinanderseienden Teile. [...] Diese emanzipierte materielle Zeitlichkeit ist der Klang. In ihm kann nichts anderes [...] »frei« werden, als das, was sich in der Negation bewährt: die innere Form des schwingenden Körpers.[247]

Die gedoppelte Negation als Entstehungsgrund des Tones hebt das Räumliche auf und verzeitlicht seine Existenz. Die in der Malerei zur Fläche reduzierte Dreidimensionalität wird zum (Zeit-)Punkt. Hegel schreibt in seiner *Einleitung in die Ästhetik*, das „individuelle Eins des Punktes" sei

> [...] tätiges Aufheben innerhalb der Materialität [...]. Solche beginnende Idealität der Materie ist der Ton, das negativ gesetzte Sinnliche [...].[248]

---

[246] AE II, S. 261//SU III, S. 134.
[247] Nowak, Adolf, Hegels Musikästhetik, Gustav-Bosse, Regensburg, 1971, S. 45.
[248] AE I, S. 93//SU I, S. 121.

Bevor ich genauer auf das zeitliche Dasein der Musik eingehe, möchte ich noch kurz auf die Hegelsche Einteilung der Musikinstrumente zu sprechen kommen. Hegel behandelt die drei verschiedenen Prinzipien der Tonerzeugung im Kontext seiner Bemerkungen zur Harmonie; meiner Meinung nach gehört dies jedoch eher in den Abschnitt zum grundlegenden Material der Musik. Die Harmonielehre als solche klärt zwar tonale Relationen wie bspw. 'E ist die kleine Terz zu Cis', läßt jedoch die Frage nach der Entstehung dieser Töne völlig außen vor. In der modernen Musikwissenschaft und auch schon vor der Zeit Hegels stellt die Instrumentenkunde ein gesondertes Teilgebiet dar, das mit eigentlicher Musiktheorie (Harmonik, Melodik, Kontrapunkt, musikalischer Satz, Notation) wenig bis gar nichts zu tun hat. Überschneidungen oder Berührungspunkte beider Disziplinen finden sich lediglich im Bereich der spezifischen Stimmung (bspw. 'rein' oder 'wohltemperiert') eines Instrumentes.[249]

Kriterium für die Rangordnung der Instrumente ist bei Hegel im Wesentlichen deren spezifische Art der Erzeugung des Tones, als des zum Punkt in der Zeit reduzierten Raumes. Hat der Einzelton ein punktuell-zeitliches Dasein, so besteht Musik generell aus mehreren Tönen in einer bestimmten Abfolge. Die naheliegendste oder angemessenste Art des Aufeinanderfolgens einzelner Punkte ist nach Hegels Meinung die Linie oder, wie er es ausdrückt: „Das nächste Sichaufheben und Entäußern des Punktes aber ist nicht die Fläche, sondern die einfache lineare Richtung".[250] Dieser Satz stellt Hegels Bewertungsmaßstab der drei verschiedenen Prinzipien der Tonerzeugung, denen ich mich nunmehr zuwenden möchte, dar. Man könnte anstelle dieser Dreigliederung auch von prinzipieller Dualität sprechen, da das dritte letztlich

---

[249] Anm. d. Verf.: Es ist dennoch festzuhalten, das es Parallelen in der Entwicklung beider musikologischer Disziplinen gegeben hat. So führte die Entwicklung der Saiteninstrumente vom Monochord angefangen bspw. zur Entdeckung harmonikaler Phänomene wie der Obertonreihe (besonders gut bei der Geige zu hören). Dies bedingte die Akkordbildung und Differenzierung der Akkordgruppen. Die sog. wohltemperierte Klavierstimmung schuf erstmals die Möglichkeit, alle Tonarten auf einem Tasteninstrument ohne die zuvor üblichen Abweichungen zu spielen. Heutige Lehrbücher der Harmonielehre lassen die Instrumentenkunde dessen ungeachtet gänzlich außen vor; vgl. z.B.: Lemacher, Heinrich, Schröeder, Hermann, Harmonielehre, Hans Gerig, Köln, 1958 oder auch de la Motte, Dieter, Harmonielehre, DTV/Bärenreiter, München/Kassel, 1980.

[250] AE II, S. 290//SU III, S. 174.

die Synthese beider möglicher Erscheinungsformen der ersten Klangerzeugungsmöglichkeit ist.

Als dieses erste Prinzip nennt Hegel die Linearität. Der klingenden Linie der Musik, zu der sich die materielle Zeitlichkeit des Tones aufhebt, entspricht hier entweder eine linear ausgespannte Materie, wie die Saite eines Zupf- oder Streichinstrumentes oder die schwingende, an Kohäsion ärmere Luftsäule in den Holz- oder Blechblasinstrumenten. Nach diesem ersten Prinzip sind die, so Hegel, „eigentlich musikalisch brauchbaren"[251] Instrumente gefertigt.

Als weniger brauchbar erweist sich das zweite Prinzip der Flächigkeit. Hierzu zählen Schlaginstrumente wie Becken, Gongs und die Kesselpauke oder 'Reibeinstrumente' wie die Glasharmonika.[252] Dies liegt daran, daß sie zum Einen nicht der adäquaten, sprich linearen Selbstaufhebung des Tones entsprechen und zum Anderen stets unerwünschte Schälle mitproduzieren.

An oberster Stelle aber steht die menschliche Stimme. Sie vereinigt in sich beide Daseinsformen des ersten Prinzips: die kohäsionsarme Luftsäule der Blasinstrumente im Kehlkopf und als Pendant zur schwingenden Materialität der Saite die Stimmbänder und Muskeln. Ähnlich wie in der Malerei das Inkarnat, die Fleischfarbe des menschlichen Leibes, die Mischung aller möglichen Farben darstellt[253], bezeichnet Hegel die Stimme des Menschen als „die ideelle Totalität des Klingens, das sich in den übrigen Instrumenten nur in seine besonderen Unterschiede auseinanderlegt".[254]

Hiermit möchte ich die Betrachtung des grundlegenden musikalischen Materials abschließen und zur Zeitlichkeit der Musik und deren Beziehung zur spezifischen Wirkungsweise derselben auf das Subjekt übergehen.

---

[251] AE II, S. 290//SU III, S. 174.

[252] Hierbei handelt es sich um ein Instrument aus rotierenden Glasscheiben die mit befeuchteten Fingern angerieben werden. Der Klang ist von hoher Intensität, allerdings bieten sich nicht gerade viele Möglichkeiten der Nuancierung. Die Hochzeit der Glasharmonika war die Epoche der Empfindsamkeit, weswegen sie auch als 'Instrument der Wertherzeit' bezeichnet wird. Gegen 1830 endete diese Phase erhöhter Popularität; vgl. King, Alec Hyatt, Musical Glasses, in: Sadie, Stanley (Hrg.), The New Grove Dictionary of Musical Instruments, Bd. 2 G to O, Macmillan Press, London, 1984.

[253] vgl. hierzu z.B. AE II, S. 220//SU III, S. 78.

[254] AE II, S. 291//SU III, S. 175.

3.2.2 Von der Anschauungsform der Musik: Musik als Zeitkunst

Anders als in den bildenden Künsten, die sich auch unter den Oberbegriff Raumkünste subsumieren lassen, erscheint die Musik (wie auch die Dichtkunst) dem rezipierenden Subjekt in der Anschauungsform der Zeit. Musik ist Zeitkunst und somit ohne objektiven Bestand im Raum. Hegel betont zwar, daß auch in der Musik der „Beginn einer Unterscheidung zwischen genießendem Subjekt und objektivem Werk"[255] erkennbar wird. Dies ist nach meiner Auffassung genau dann der Fall, wenn sie erklingt. Um einmal zur Verdeutlichung auf die Terminologie Berkeleys zurückzugreifen: das Sein (esse) der musikalischen Kunst besteht nicht nur im wahrgenommen-Werden durch das Subjekt der Rezeption (percipi). Diese Unterscheidung von wahrgenommen-Werden und objektivem Dasein ist jedoch allein im Moment des Erklingens möglich. Die Objektivität ist nicht von bleibendem Bestand. Das Wesen der Musik als Zeitkunst bedingt ihr Verklingen, das transitorische Moment. Dasein in Abtrennung vom Subjekt hat sie nur als punktuelles Jetzt, als Zeit-Punkt, der sich zu einer Abfolge von Zeit-Punkten aufhebt; einer Abfolge, die als solche wiederum nur in der Innerlichkeit des Hörenden fortdauert. In dessen Erinnerung hat sie einen Anfang, ein quantifizierbares Bestehen und ein Ende. Sie erfüllt als erinnerte Abfolge bestimmter Form einen ebenso bestimmten Zeit-Raum im subjektiven Gedächtnis. Meiner Meinung nach ist die kontroverse Fragestellung, ob es legitim sei, bezüglich dieses konkreten Erinnertseins einer Tonfolge von deren Zeit-Gestalt zu sprechen, mit ja zu beantworten; sofern die Sprechweise sich als quasi metaphorische begreift. Auch der Zeitraum ist schließlich nicht dreidimensional, er ist bestimmte Dauer. Die Zeitgestalt der Musik ist konkret. Sie ist bis zu einem gewissen Grade intersubjektiv vermittelbar. Wäre sie das nicht, gäbe es keine Musikwissenschaftler und Kritiker. Sinnvolle Gespräche über Musik wären nicht möglich. Die Tonfolge hat Grenzen, von denen her sie ist, was sie ist und in denen sie als beschreibbare Zeitgestalt für das subjektive Bewußtsein erscheint. Legitim ist die Metapher aber einzig für das Dasein der musikalischen Folge in der erinnernden Rekonstruktion. Objektiv existiert die Folge nicht. Dasein hat hier immer nur das aktuell erklingende Jetzt des einzelnen Tones, Akkordes oder, allgemeiner, des einzelnen Klanges.

---

[255] AE II, S. 275//SU III, S. 153.

Auch die Wirkung der Musik hängt eng mit deren Zeitlichkeit zusammen. Grund hierfür ist, daß es keine von einander getrennten zeitlichen Kontinua gibt, in denen der Rezipient und das musikalische Kunstwerk relativ unabhängig existieren. Die Zeit beider ist ein und dieselbe. Hegel schreibt hierzu:

> Da nun die Zeit [...] das wesentliche Element abgibt, in welchem der Ton [...] Existenz gewinnt und die Zeit des Tons zugleich die des Subjekts, so dringt der Ton schon dieser Grundlage nach in das Selbst ein [...] und setzt das Ich durch die zeitliche Bewegung und ihren Rhythmus in Bewegung.[256]

Für diese Wirkungsweise bringt Hegel zahlreiche Beispiele, die sich noch beliebig erweitern ließen. Allen Exempeln gemeinsam ist der Verweis auf den Umstand, daß uns Musik teils sogar unbewußt zu Tätigkeiten motiviert. Alle diese Aktivitäten gleichen einer Art von Bestätigung jener Strukturierungen, welche die Musik durch ihren Rhythmus und Takt, deren Bestimmungen wir noch eingehend reflektieren werden, an ihrer eigenen Zeit und somit auch an der Zeit des Hörers vornimmt. Der Hörende beginnt mit den Füßen aufzutippen, nickt mit dem Kopf oder trommelt auf dem Tisch. Selbst etwaige geschmackliche Aversionen des Rezipienten, die dieser bestimmten Formen von Musik entgegenbringen mag, helfen ihm nicht, dieser Wirkungsweise gegenüber immun zu sein. Ohne es zu wollen, wippt der Klassikliebhaber im Kirmeszelt (unbewußt) mit dem Fuß. Die Beispiele, die Hegel selber anführt zeigen zudem, daß es möglich ist, sich dieses spezifische Wirkungspotential zunutze zu machen. Hegel verweist auf die Heeresmusik zur Motivation und Beschleunigung in Marsch befindlicher Truppenteile. Von meiner Seite aus ließen sich noch Arbeitslieder (gemeint sind nicht politische Arbeiterlieder) wie bspw. die seemännischen 'shanties' anführen. Ein weiterer Zweck, den Hegel nicht eigens erwähnt, ist die Indienststellung der Musik zum Zwecke politischer Agitation. Um diesen Kreis von Überlegungen abzuschließen sei noch gesagt, daß jedes Individuum, das zum Tanzen ausgeht, bewußt auf diesen charakteristischen Effekt der Tonkunst abzielt.

Darin erschöpft sich das rein zeitlich bedingte Wirkpotential der musikalischen Gattung; ihre durch Takt und rhythmische Betonung hervorgerufene Weise, den Hörenden zu bewegen und mitzureißen. Diese

---

[256] AE II, S. 277//SU III, S. 156f.

soeben beschriebene Motivation ist jedoch nicht die einzige Art, in der die Musik den Rezipienten anspricht und anrührt. Da ihre übrigen Effekte aber weniger auf quantifizierbarer Zeitlichkeit, sondern vielmehr auf dem musikspezifischen Inhalt beruhen, möchte ich die zeitbezogenen Gedanken an dieser Stelle vorerst abschließen und zur Inhaltseite der Musik fortschreiten. Die Strukturierung der musikalischen Zeit durch Eigenschaften wie Takt und Rhythmus wird im Abschnitt zur quantitativen Bestimmtheit musikalischer Kunst noch einmal en detail betrachtet werden.

3.2.3. Vom Inhalt der Musik: Hegels Auffassung der Instrumental- und Vokalmusik

Im Zuge der bisherigen Beschäftigung mit den Vorlesungen über die Ästhetik hatte die systemimmanente Folgebestimmtheit des Hegelschen Gedankenganges Überlegungen zur Gliederung von Seiten des Verfassers nahezu überflüssig gemacht. Die Frage nach einem passenden Ort zur Abhandlung der inhaltlichen Bestimmtheit der musikalischen Gattung ist demgegenüber nicht ganz so eindeutig zu beantworten. Hegels und Hothos Gliederung trennt bspw. die ausführliche Betrachtung der Instrumental- und der Vokalmusik von der musikalischen Auffassung des Inhaltes ab. Ich möchte hingegen in diesem Abschnitt beide Aspekte synoptisch behandeln, da die inhaltliche Bestimmtheit musikalischer Werke nahezu ausschließlich von der Frage, um welche Art von Musik es sich handelt, dependiert. Zuerst geht es im nunmehr Folgenden darum, die Hegelsche Sicht der Instrumentalmusik darzustellen. Im unmittelbaren Anschluß daran möchte ich in Form eines Exkurses auf die Problematisierung dieser Sichtweise, insbesondere von musikwissenschaftlicher Seite, eingehen. Gerade die Beurteilung reiner, unabhängiger Instrumentalmusik oder besser absoluter Musik, durch Hegel stößt hier auf starken Widerstand; dies nicht zuletzt deshalb, weil sich besonders in der Abhandlung dieses Themenbereiches die Grenzen interdisziplinärer Forschung am deutlichsten auftun. Das Urteil des Philosophen und jenes des Musikers oder Musikwissenschaftlers stehen einander diametral gegenüber. Als letzter Punkt des vorliegenden Abschnittes wird es um die Verbindung von Musik und Text in der von Hegel als begleitende Musik bezeichneten Vokalmusik gehen.

Wie im Vorangegangenen aufgezeigt wurde, gehört eine stete Zunahme des Subjektiven im Verhältnis zur Äußerlichkeit zum Wesen aller romantischen Künste. Musik dringt aufgrund ihrer Zeitlichkeit, der auch die Zeit des Subjekts entspricht oder besser, die mit dieser Zeit identisch ist, tief in dessen Inneres, das Gemüt, den Sitz der Empfindungen, ein. Die Frage, deren Beantwortung sich Hegel im weiteren Verlauf seiner Vorlesungen widmet, ist jene nach dem bestimmten Inhalt, den die Musik in die Innerlichkeit des Hörenden hineinzutragen vermag. Bereits in der Einleitung zum dritten Teil der Ästhetik macht Hegel seine Auffassung hierüber deutlich. Der Inhalt, den das transitorische Verwehen der Musik in das Subjekt vermittelt, ist „das Innere als solches, die für sich gestaltlose Empfindung".[257] Obwohl Hegel die Trennung in diesem Kontext nicht eigens erwähnt, wird klar, daß es sich bei dieser Beschreibung um Instrumentalmusik handeln muß. In unserer Betrachtung der spezifischen Differenzen der beiden Zeitkünste Musik und Poesie nämlich hatten wir festgestellt, daß die Dichtkunst im Gegensatz zur Musik durch Worte und Begriffe in der Lage ist, eine Welt innerer Gegenständlichkeit erstehen zu lassen, die in ähnlicher Weise konkret ist, wie die objektiven Gestaltungen der bildenden Kunst. Als allgemeine Kunst vermag sie, alles Denk- und Vorstellbare zum Gegenstand innerer Anschauung zu machen. Es ist dies eine Befähigung, die das poetische Werk auch in Verbindung mit Musik nicht verliert. Hierdurch gibt die begleitende Musik ihre inhaltliche Abstraktheit auf und erfaßt in eben dieser Verbindung konkrete Gehalte. Das rein instrumentale Tönen jedoch erscheint als „das ganz objektlose Innere, die abstrakte Subjektivität als solche".[258] In dieser Weise drückt die Musik die Innerlichkeit als Empfindung aus. Diese ist selbst noch nicht konkret bestimmter Inhalt, sondern „nur das Umkleidende des Inhalts".[259] Ist der bestimmte Inhalt eine Vorstellung bspw. eines Gegenstandes so ist, nach Hegel, die Empfindung die anfängliche Erweiterung der abstrakt allgemeinen Innerlichkeit des Subjektes für sich. Letztere besondert sich auf den Inhalt hin, bleibt aber in dieser Beziehung ganz bei sich und in sich. Sie geht nicht schon in die ihr äußerliche Beziehung auf jenen Inhalt über, sondern schließt ihr rein innerliches bezogen-Sein in sich ein. Das Verhältnis der abstrakten Innerlichkeit des Subjektes auf den Inhalt oder die gegenständliche Vorstellung, wenn es als solches in dem Subjekt verbleibt, ist die Empfindung. Als einer konkreten Gestalt entbehrendes erstes, subjektives

---

[257] AE II, S. 19//SU II, S. 261.
[258] AE II, S. 261//SU III, S. 135. vgl. hierzu auch Anm. 219.
[259] AE II, S. 272//SU III, S. 150.

Bezogensein auf den möglichen konkreten Gegenstand desselben, ist die Empfindung Inhalt musikalischer Kunst.

Die spezifisch künstlerische Bearbeitung der Empfindung in der Musik soll hier noch nicht eingehend betrachtet werden. Dies wird im Zuge des Kapitels zur Hegelschen Wesensbestimmung der Musik als kadenzierte Interjektion geschehen. An dieser Stelle soll genügen, die Empfindung als die dem musikalischen Ausdruck zugehörige Inhaltsseite vorzustellen. Das Spektrum musikalisch ausdrückbarer, empfindungsartiger Affizierungen oder Bewegungen des menschlichen Inneren reicht von Verzweiflung bis Emphase, umfaßt den gesamten Bereich religiöser Empfindungen wie Andacht oder Demut und lotet die Tiefen des Schmerzes in ähnlich erschöpfender Weise aus, wie sie imstande ist, die höchste Lust auszudrücken.

Bis hierhin läßt sich also folgendes festhalten: Nach Hegel ist der Inhalt instrumentaler Musik die gegenstandslose Innerlichkeit subjektiver Empfindung. Diese ist, als geistiges Bezogensein auf äußere oder innere konkrete Vorstellungen, geistiger Gehalt. Die Musik bedient sich zu dessen adäquatem Ausdruck des Tonmaterials, das sie in musikspezifischer Weise ergreift und ordnet. Diese Ordnungsprinzipien sind Gegenstand des Kapitels zu Rhythmus, Melodik und Harmonie und sollen daher hier nicht näher erörtert werden. Wie aber beurteilt Hegel jene Art instrumentaler Musik, die sich einzig und allein auf diesen spezifisch innermusikalischen Bereich reduziert? Solche Musik bearbeitet und formt durch ihre Eigengesetzlichkeiten keinen Inhalt zu musikalischem Ausdruck. Sie ergeht sich vielmehr losgelöst von allen Gehalten und äußeren Anlässen einzig in ihrem ureigenen Gebiet innermusikalischer Freiheit und Notwendigkeit. Die Rede ist von sogenannter absoluter Musik.

Die Idee solcher Musik entstammt bereits der frühen Romantik, wenngleich der Begriff absolute Musik erstmals von Eduard Hanslick Mitte des 19. Jahrhunderts verwendet wird. Dieser bemerkt 1854 über reine Instrumentalmusik, sie allein sei „reine, absolute Tonkunst"[260] im Sinne jener spezifisch musikalischen Form von Schönheit, die einzig in den Tönen und in ihrer Verbindung durch die Kunst besteht. Die Bewertung absoluten Musikschaffens war in der Epoche der Romantik durchweg positiv. Sie galt als „Musik [...], die sich selbst das Gesetz gibt und deren Existenz und Aussage in solcher Autonomie des For-

---

[260] Hanslick, Eduard, Vom musikalisch Schönen. Ein Beitrag zur Revision der Ästhetik der Tonkunst. Unveränderter reprographischer Nachdruck der 1. Auflage Leipzig 1854, Wissenschaftliche Buchgesellschaft, Darmstadt, 1965. S. 20.

mens und Fügens gründet".[261] Als solche setzt sie sich deutlich und bewußt von jeglicher Ausprägung einer Gehaltsästhetik wie bspw. der Empfindungsästhetik ab.[262] Bereits diese Charakterisierung der absoluten Musik läßt auf die Hegelsche Beurteilung derselben schließen. Hegel, der im Kontext seiner *Vorlesungen* einen klar gehaltsästhetischen Ansatz vertritt, betont, daß unter den Künsten die Musik am ehesten in der Lage sei, sich von jedem Anlaß und Inhalt zu emanzipieren und immer nur sich selbst durch sich selbst auszudrücken.[263] Hegels vernichtendes Urteil schließt direkt an diese Feststellung an:

> Dann bleibt aber die Musik leer und inhaltslos und ist, da ihr eine Hauptseite aller Kunst, der geistige Inhalt und Ausdruck abgeht, noch nicht eigentlich zur Kunst zu rechnen.[264]

Dies bedeutet jedoch nicht, daß Hegel die gesamte textunabhängige Musik für minderwertig hält. Wie bereits festgestellt transportiert auch die Instrumentalmusik einen geistigen Gehalt: die Empfindung; ist dieser auch im Vergleich mit der textbegleitenden Musik gestaltlos und weniger konkret. Die gleich wie geartete Inhaltlichkeit, sei es nun als Empfindung oder als verbal vermittelte distinkte Vorstellung, ist primäres Kriterium künstlerischer Wertigkeit (man denke nur an die Auffassung des Ideals). Hegel schreibt hierzu auf selbiger Seite:

---

[261] Eggebrecht, Hans - Heinrich, Absolute Musik, in: Riemann Musik Lexikon. 12. völlig neubearbeitete Auflage in drei Bänden. Sachteil, Schott, Mainz, 1967, S. 4f.

[262] vgl. auch: Seidel, Wilhelm, Absolute Musik, in: Finscher, Ludwig (Hrg.), Die Musik in Geschichte und Gegenwart (MGG). Allgemeine Enzyklopädie der Musik. 2. neubearbeitete Ausgabe, Bd. 1 A-Bos, Bärenreiter, Kassel, 1994, S. 16.

[263] Anm. d. Verf.: Generell tragen alle Künste zumindest theoretisch die Möglichkeit, absolute Kunst zu sein, in sich. (vgl. absolute Kunst, in: Brockhaus Enzyklopädie in 20 Bänden. 17. völlig neubearbeitete Auflage, Bd. 1 A-Ate, Brockhaus, Wiesbaden, 1966, S. 61.) Gänzlich abstrakte Malerei dürfte Hegel nicht gekannt haben. Auch absolute Poesie ist nur als klanglich orientierte Silben- oder Lautlyrik vorstellbar, da Worte wesensmäßig Inhalte transportieren. Interessant wäre die Frage, ob man sich erdreisten dürfte, einen amorphen Lehm- oder Steinbrocken als absolute Plastik oder absolute Architektur zu bezeichnen.

[264] AE II, S. 271//SU III, S. 148f.

Erst wenn sich in dem sinnlichen Element der Töne und ihrer mannigfaltigen Figuration Geistiges in angemessener Weise ausdrückt, erhebt sich die Musik zur wahren Kunst, **gleichgültig**, ob dieser Inhalt seine nähere Bezeichnung ausdrücklich durch Worte erhalte, oder unbestimmter aus den Tönen und deren harmonischen Verhältnissen und melodischen Beseelung müsse empfunden werden.[265]

Instrumentalmusik, sofern sie Gehalte transportiert, ist somit Kunst; auch wenn sie sich, verglichen mit Vokalmusik, nicht in den Grenzen, die ihr die Bedeutung der Worte setzt, sondern vielmehr „in ihrem eigenen Bereich in fesselloserer Selbständigkeit ergeht".[266] Nur die absolute Musik, die in der Romantik von Theoretikern wie bspw. E.T.A. Hoffmann als die eigentliche Daseinsform musikalischer Kunst begrüßt wurde, behauptet im Hegelschen Kunstdenken ihren ästhetischen Status nicht.[267] Neben dem gehaltlos-formalen Aspekt kritisiert Hegel den daraus resultierenden Umstand, daß derartige Musik und ihre verständige Aufnahme profunde Sachkenntnis seitens des Rezipienten voraussetzen. Musikalische Kunst mutiert zu einer „Sache der Kenner", welche „das allgemeinmenschliche Kunstinteresse weniger angeht".[268]

Diese Hegelsche Beurteilung absoluter Instrumentalmusik stieß nun gerade von Kennerseite auf teilweise harsche Kritik. Interessant ist hierbei vor allem, daß die Kritiker Hegel mangelnde Kenntnis und daraus resultierende Verständnisprobleme attestieren, ihm also implizit recht geben. So spricht Paul Moos, dessen Kritik ich hier exemplarisch vorstellen will, bezüglich Hegels Reduktion reiner Instrumentalmusik auf formale Elemente einer gestaltlosen Innerlichkeit (so wie er sie versteht), von einem „formalistischen Irrtum".[269] Er bricht eine Lanze für die Fähigkeit instrumentaler Musik, bestimmte Gehalte in sich

---

[265] AE II, S. 271f.//SU III, S. 149. (Hervorhebungen vom Verfasser)

[266] AE II, S. 263//SU III, S. 137.

[267] Anm. d. Verf.: Sie stellt keinen Gewinn dar, sondern bedeutet im Gegenteil einen Substanzverlust, vgl. hierzu vor allem: Dahlhaus, Carl, Musik zur Sprache gebracht. Musikästhetische Texte aus drei Jahrhunderten. Bärenreiter/DTV, Kassel, 1984, S. 163; sowie: ders., Hegels Satz vom Substanzverlust in der Kunst. in: Musik und Bildung. Zeitschrift für Theorie und Praxis der Musikerziehung, 3/81. Jahrgang 13 (72), S. 159-161.

[268] AE II, S. 269//SU, S. 145.

[269] Moos, Paul, Moderne Musikästhetik in Deutschland. Historisch - kritische Übersicht, Seemann, Leipzig, 1902, S. 31.

zu fassen; ein Umstand, den Hegel gar nicht bestreitet, und schreibt über die Bedingung der Wahrnehmung derselben durch den Beurteilenden:

> Es bedarf allerdings einer gewissen musikalischen Begabung, diese Bestimmtheit als solche zu erfassen und zu verstehen. So wenig aber der Farbenblinde in koloristischen Dingen zu urteilen berufen ist, so wenig der ganz oder teilweise Unmusikalische in solchen Fragen, die seiner Einsicht verschlossen sind.[270]

Ferner kritisiert er die „Willkür und Gesetzlosigkeit"[271], die Hegel nach seiner Auffassung geneigt ist, der Instrumentalmusik zuzuschreiben. Nach meinem Verständnis der Hegelschen Aussagen sieht jener aber in instrumentaler Musik zwar eine größere Freiheit, nicht aber bloße Willkür am Werk. Sie bewegt sich kunstgemäß innerhalb der Schranken einer durch sie selbst gesetzten Notwendigkeit. Sie ist auch als absolute Musik nicht völlig fessellos, sondern „fesselloser"[272], als die textbegleitende musikalische Äußerung. Moos scheint in seiner Kritik die Hegelsche Ansicht zur absoluten Musik auf den gesamten Bereich instrumentaler Musik zu beziehen. Hegels tatsächliche Meinung zur Instrumentalmusik deckt sich hingegen in weiten Teilen mit jener, vor der Moos die Hegelsche Auffassung zu demontieren sucht. Dessen Urteil über die Musikästhetik Hegels in toto bleibt dementsprechend versöhnlich:

> Im Ganzen gebührt seinen musikalischen Erörterungen aber Bewunderung und einer der ersten Plätze im Gebiete der gesamten Musikästhetik.[273]

Etwas weiter unten fährt er fort:

---

[270] Moos, a.a.O., S. 32.
[271] ebd.
[272] AE II, S. 263//SU III, S. 137.
[273] Moos, a.a.O., S. 34.

> Die fesselnde Klarheit der Darstellung und die Tiefe der Gedanken verleihen Hegels Musikästhetik dauernden Wert und machen ihre Lektüre [...] zu einer Quelle der Anregung.[274]

Bis hierhin ist festzuhalten, daß Hegel absoluter Musik mit dem Mißtrauen des Gehaltsästhetikers begegnet. Er sieht in ihr eine (Nicht-)Kunst, die sich, wenn überhaupt, nur noch einer kleinen Elite aus Musikschaffenden, Musikwissenschaftlern und anderweitig Eingeweihten als Kunst zu erkennen gibt. Dem allgemeinen Kunstverständnis des Philosophen oder interessierten Laien erschließt sie sich nicht. Anders ist es bei gehaltvoller, Empfindungen als geistige Bewegungen ausdrückender Instrumentalmusik. Diese ist eigentliche Kunst im Hegelschen Sinne und steht der Vokalmusik nicht nach. Franz Liszt, um ein Beispiel zu geben, betonte die Fortschrittlichkeit der Aussagen Hegels, da dieser die Instrumentalmusik ausdrücklich zur Kunst zählt;[275] eine Sichtweise, die von der Zeit der Aufklärung bis ins spätere 18. Jahrhundert aufgrund der Indifferenz der Tonsprache moralischer Vervollkommnung gegenüber kaum Zustimmung erfahren hätte. Carl Dahlhaus reiht Hegel dennoch in die Traditionslinie jener Kunstphilosophen, die aller Instrumentalmusik mißtrauisch begegnen, ein. Er schreibt über Hegel und „die Philosophen des 19. Jahrhunderts":

> Der ästhetischen Zensur waren, ähnlich wie der moralischen, Wachträume suspekt. Um sie einzudämmen rühmte man die fest umrissene Vokalmusik.[276]

Deren Darstellung und Rang innerhalb der Musikästhetik Hegels möchte ich mich im nunmehr Folgenden zuwenden.

Bereits zu Beginn seines Kapitels zur begleitenden Musik macht Hegel deutlich, wie das Verhältnis des Textes zur Musik beschaffen sein soll. Wollte man die Forderungen Hegels mit einem Wort beschreiben, böte sich der Begriff der Ausgewogenheit an. Weder soll die Musik dem Text unterliegen, noch sich völlig von jenem ablösen. Ziel ist eine ausgewogene Verbindung gleichwertiger Komponenten. So lehnt Hegel

---

[274] Moos, a.a.O., S. 35.
[275] vgl. Markus, Stanislav A., Musikästhetik. 1. Teil. Ein Beitrag zur Geschichte der Nachahmungsästhetik und Affektenlehre sowie der idealistischen Musikästhetik in Deutschland, VEB, Leipzig, 1959, S. 235.
[276] Dahlhaus, Carl, Musikästhetik, Laaber-Verlag, Laaber, 1986, S. 46.

das Konzept einer textillustrierenden Musik ohne Eigenständigkeit ab, indem er schreibt:

> In dieser Verwebung nun aber muß sich die Musik nicht zu solcher Dienstbarkeit herunterbringen, daß sie, um in recht vollständiger Charakteristik die Worte des Textes wiederzugeben, das freie Hinströmen ihrer Bewegungen verliert und dadurch, statt ein auf sich selbst beruhendes Kunstwerk zu erschaffen, nur die verständige Künstlichkeit ausübt, die musikalischen Ausdrucksmittel zur möglichst getreuen Bezeichnung eines außerhalb ihrer und ohne sie bereits fertigen Inhaltes zu verwenden.[277]

Auch soll sie in der rhythmischen Gestaltung nicht sklavisch den Vorgaben der zu vertonenden Dichtung unterworfen sein. Hegel polemisiert gegen das typisch deutsche „kahle, jambische Skandieren"[278] und lobt die Sprachen des Südens, allen voran das Italienische, aufgrund ihrer Unabhängigkeit von jeder „Pedanterie des Metrums".[279] Die starke Unterschiedenheit der Sprachen bedingt die Unterschiede in der Musik.

Aber auch das andere Extrem einer sich völlig vom gegebenen Text emanzipierenden Musik, die, ohne daß es Sinn und Bedeutung der Worte, bspw. des vertonten Gedichtes erforderten, bei jedem neuen Vers einen Tonart- oder Rhythmuswechsel vollführt, lehnt Hegel ab. Das Ideal liegt auch bei der Vokalmusik in der Mitte zwischen beiden Extremen. Hegel verweist auf die Arbeitsweise der „großen Komponisten", über die er schreibt:

> Sie geben nichts den Worten Fremdes, aber sie lassen ebensowenig den freien Erguß der Töne, den ungestörten Gang der Komposition, die dadurch ihrer selber und nicht den Worten wegen da ist, vermissen.[280]

---

[277] AE II, S. 306//SU III, S. 195f.
[278] AE II, S. 288//SU III, S. 170f.
[279] AE II, S. 287//SU III, S. 170.
[280] AE II, S. 307//SU III, S. 196.

Ideal ist somit die gleichberechtigte Stellung von Text und Musik im Vokalstück. Daraus resultieren Ansprüche, die nicht nur die Musik, sondern vor allem den Text betreffen.

Ich möchte nunmehr darangehen, die Hegelschen Aussagen zu einem für Vokalmusik geeigneten Text zu reflektieren, bevor ich mich abschließend den einzelnen Daseinsformen der Vokalmusik zuwende.

Die erste Forderung, die sich an einen zu vertonenden Text richtet, ist die nach Substantialität des Inhaltes. Man fühlt sich an Hegels Postulat der Darstellungswürdigkeit erinnert. So fordert er an einer der sprachlich plastischsten Stellen der gesamten Vorlesungen,

> [...] daß der Inhalt in sich selbst wahrhafte Gediegenheit habe. Mit in sich selbst Plattem, Trivialem, Kahlem und Absurdem läßt sich nichts musikalisch Tüchtiges und Tiefes herauskünsteln; der Komponist mag noch so sehr würzen und spicken, aus einer gebratenen Katze wird doch keine Hasenpastete.[281]

Hier besteht jedoch die Gefahr eines Fehlschlusses. Nach meinem Verständnis meint Hegel mit „wahrhafte[r] Gediegenheit" nicht einen besonders komplexen, vielfältig konnotierten, hochliterarischen Text oder tiefschürfende philosophische Gedanken. Es geht vielmehr um echte und wahrhafte Empfindungen und um eine eher schlichte Darstellung derselben, die nicht von stilistischen Überfeinerungen verfremdet wird und die sich gerade aufgrund dieser Einfachheit am besten zur Verbindung mit Musik eignet. Im Falle lyrischer Texte wären dies

> [...] gefühlvollere, kleinere Gedichte, besonders die einfachen, wortarmen, empfindungstiefen, die irgendeine Herzenssituation gedrungen und seelenvoll aussprechen[282].

Hegels eigene Beispiele sind das Libretto zu Mozarts *Die Zauberflöte* von Emanuel Schikaneder[283] oder die lateinischen Texte des Ordinari-

---

[281] AE II, S. 314//SU III, S. 205f.
[282] AE II, S. 315//SU III, S. 208.
[283] Anm. d. Verf.: Entstanden vor dem 7. März 1791. Genauere Datierung nicht möglich; vgl. Gruber, Gernot, Orel, Alfred (Hrgg.), Wolfgang Amadeus Mo-

um Missae. Um ein eigenes Exempel anzuführen, möchte ich auf zwei Werke Schuberts verweisen. Ersteres ist der Liederzyklus *Die Winterreise* Op. 89, D 911, das zweite eines der Goethe-Lieder.[284] Aus Op. 89 möchte ich als Beispiel das Lied Nr. 1 *Gute Nacht*, aus den Goethe Liedern die Vertonung des *Prometheus* D 676 herausgreifen. Im Falle der *Winterreise* verbinden sich die eher schlichten und dennoch äußerst empfindungsreichen Gedichte Wilhelm Müllers, die, m.E. für sich genommen eher durchschnittlicher Art sind, nahezu perfekt mit der Musik. Poesie und Musik werten sich in der Zusammenführung wechselseitig auf. Die für sich schon bedeutende Größe Goethescher Dichtung drängt sich jedoch in den Vordergrund. Sie bestimmt das Fließen der Empfindung in Tönen in weitaus stärkerem Maße als Müllers Verse und reduziert sogar die Musik Schuberts an einigen Stellen auf bloß illustrierende, untermalende Funktionen. Ich möchte im Folgenden den Versuch unternehmen, anhand der Gegenüberstellung einiger weniger Textzeilen die Unterschiedenheit zu veranschaulichen:

---

zart. Neue Ausgabe sämtlicher Werke. Serie II Bühnenwerke, Werkgruppe 5: Die Zauberflöte, Bärenreiter, Kassel, 1970, S. VII.

[284] Anm. d. Verf.: Da die Vertonungen zu Gedichten von Goethe kein fester Liederzyklus sind, verfügen nur die einzelnen Stücke über die üblichen Bezifferungen wie die Nummer im sog. Deutsch-Verzeichnis (D): Deutsch, Erich, Schubert Thematic Catalogue of all his Works in chronological Order, Dent, London, 1951. Opuszahlen finden sich nur bei größeren Werken, wie im Falle des Winterreise-Zyklus.

Gute Nacht, (W. Müller)[285]	Prometheus, (Goethe)[286]
Fremd bin ich eingezogen	*Bedecke deinen Himmel, Zeus*
Fremd zieh´ ich wieder aus.	*Mit Wolkendunst,*
Der Mai war mir gewogen	*Und übe, dem Knaben gleich,*
Mit manchem Blumenstrauß.	*Der Disteln köpft*
Das Mädchen sprach von Liebe,	*An Eichen dich und Bergeshöhn.*
Die Mutter gar von Eh´;	*Mußt mir meine Erde doch lassen stehn*
Nun ist die Welt so trübe,	*Und meinen Herd,*
Der Weg gehüllt in Schnee.	*Um dessen Glut du mich beneidest.*
usf.	*usf.*

Gemeint ist nicht die Unterschiedenheit der Versmaße oder Reimschemata; es ist nach meinem Dafürhalten die gedankliche Tiefe und dichterische Bedeutung gegen die formale Schlichtheit in der Darstellung tiefer Empfindungen. Der Verfasser, selbst interessierter Laie und Schubert Liebhaber, möchte hier in keiner Weise behaupten, daß Goethes Genie dasjenige Schuberts überragt. Lediglich die vollendete Verschmelzung und wechselseitige Aufwertung von Wort und Musik gelingt eher bei einem schlichteren Text, was sich nicht zuletzt auch bei vielen Goethe Liedern wie bspw. *Wanderers Nachtlied* I D 224 zeigt. Als letztes Beispiel für eine ideale Verbindung sei an die Wagnerschen Musikdramen erinnert.[287]

Zum Abschluß möchte ich kurz auf Hegels Formenlehre eingehen. Nach Hegel teilt sich der weite Bereich vokaler Musik in kirchliche Musik, die Messen und die „vollendete Form des Oratoriums".[288] Der sakralen Vokalmusik folgt das Kunstlied, von Hegel als lyrische Musik bezeichnet. Die dramatische Musik faßt wiederum mehrere Einzelformen in ihrem Begriff zusammen. Zu diesen zählen die Oper, die Operette sowie das Vaudeville Theater, wobei Hegel allerdings die Oper eindeutig favorisiert. In ihr fällt die Verbindung von Passagen

---

[285] Dürr, Walter, Franz Schubert. Neue Ausgabe sämtlicher Werke. Lieder Bd. 4a, Bärenreiter, Kassel, 1979, S. 110ff.

[286] Dürr, Walter, Franz Schubert. Neue Ausgabe sämtlicher Werke. Lieder Bd. 12, Bärenreiter, Kassel, 1996, S. 120ff.

[287] Anm. d. Verf.: Die Parallelen zwischen Wagner und Hegel sind teils erstaunlich. Moos verweist z.B. auf die Entsprechungen der Hegelschen Ansichten zu Rezitativ und Deklamation und dem deklamatorischen Rezitativ als Bestandteil des Wagnerschen melodischen Prinzips; vgl. Moos, S. 29 und AE II, S. 311//SU III, S. 202.

[288] AE II, S. 318//SU III, S. 212.

mit ariosem Charakter und dem „prosaischen Gewäsch des Dialogs" fort und Hegel schreibt dazu:

> In der eigentlichen *Oper* hingegen, die eine ganze Handlung musikalisch ausführt, werden wir ein für allemal aus der Prosa in eine höhere Kunstwelt hinüberversetzt.[289]

Damit möchte ich die Bemerkungen zur begleitenden Musik und zum Inhalt der Musik als solcher abschließen. Im nunmehr folgenden Kapitel werden die Aussagen Hegels zu Rhythmik, Melodie und Harmonielehre reflektiert, bevor als letzter Punkt dieser Untersuchung die Wesensbestimmung der Musik zur Sprache kommen wird.

3.3 Von den sekundären Bestimmungen der Musik: Quantitative und qualitative Eigengesetzlichkeiten musikalischer Expression

Hegel betont wiederholt seine recht oberflächlichen Kenntnisse in Musiktheorie. Er beschränkt seine Anmerkungen daher darauf, die diversen Ordnungs- und Gestaltungsprinzipien der Musik in der Weise philosophischer Universalwissenschaft allgemeinsprachlich zu beschreiben. Zuerst richtet sich sein Interesse auf jene Phänomene, deren Grundbestimmung die Zählbarkeit ist.

3.3.1 Zeitmaß, Takt, Rhythmus

Die erste quantitative Bestimmtheit des musikalischen Materiales ist das Zeitmaß der Töne selbst. Hiermit ist nicht die Zeitlichkeit der Musik als solche gemeint, sondern die Unterteilung, welche die Zeit durch das jeweils unterschiedene Andauern einzelner Töne erfährt. Zunächst bestimmt Hegel die Zeit der Musik als Negativität. Der einzelne Zeit-Punkt ist dadurch, daß er sich selbst zu weiteren Zeit-Punkten

---

[289] AE II, S. 319//SU III, S. 213.

aufhebt, mit diesen identisch. Wie das Ich hält er sich als Zeit-Punkt von Jetzt zu Jetzt durch.[290] Dies ist die Ununterschiedenheit des Fortdauerns, das gleichförmige Verfließen der (musikalischen) Zeit. Andererseits aber ist der einzelne Ton von anderen absetzbar, wodurch er mit diesen in Verhältnisse tritt und die Zeit quantifizierbar macht. Wir hatten bereits die Identität der Zeit der Musik mit der des Subjektes reflektiert. Auch letzteres verharrt nicht in abstrakter Identität mit sich, in bloßem an-sich-Sein befangen. Das Selbstbewußtsein unterbricht das abstrakte sich-Gleichen des Ich von Zeitpunkt zu Zeitpunkt. Es erfaßt sich selbst als sein Objekt und macht so sein sich-Aufheben für sich, wodurch die Zeitabschnitte in der Reflexion unterscheidbar werden. Hegel formuliert dies wie folgt:

> Gegen dieses leere Fortschreiten ist das Selbst das *Beisichselbstseiende*, dessen Sammlung in sich die bestimmtheitslose Reihenfolge der Zeitpunkte unterbricht, in die abstrakte Kontinuität Einschnitte macht und das Ich, welches [...] sich darin wiederfindet, von dem bloßen Außersichkommen und Verändern befreit.[291]

Aufgrund der Tatsache, daß die Innerlichkeit des Subjektes als solche durch die Musik vergegenständlicht wird, muß das Material dieser Objektivierung in ähnlicher Weise strukturiert werden, wie die Innerlichkeit selbst, die selbstreflexiv die Dauer zu qualitativer und quantitativer Verschiedenheit aufbricht. Dies bedingt die zeitliche Bestimmtheit der Töne als Ganze, Halbe, Viertel-, Achtel-, Sechzehntel-, Zweiunddreißigstel- und Vierundsechzigstelnoten. Dennoch betont Hegel, daß durch bloßes Zeitmaß lediglich das ununterschiedene Andauern durch eine gleichermaßen „unbestimmte *Mannigfaltigkeit* besonderer Qualitäten"[292] ausgetauscht wird. Es bedarf einer weiteren strukturierenden Größe. Diese kommt durch die Setzung des Taktes hinzu.

Der Takt in der Musik ähnelt zunächst der architektonischen Regelmäßigkeit. Er gliedert die unbestimmte Vielfalt zu bestimmten, einander gleichenden Einheiten, die allerdings in ihrer „abstrakte[n] Identität"[293] von jedem natürlichen Regelmaß unterschieden sind. Hegel

---

[290] vgl. auch AE II, S. 277//SU III, S. 156.
[291] AE II, S. 284//SU III, S. 165. (Hervorhebungen vom Herausgeber)
[292] AE II, S. 284//SU III, S. 165. (Hervorhebungen vom Herausgeber)
[293] AE II, S. 285//SU III, S. 166.

verweist auf die Abweichungen vom Schema, bspw. in den Bahnen und Zyklen der Gestirne und bestimmt den Takt als Setzung des Ich, das dadurch sich in dieser seiner Strukturierung des Unterschiedslosen wiederfindet. Der Takt liegt somit weder in der musikalischen Zeit, noch in Dasein und Verhältnis der Töne begründet. Er ist reines Produkt des ordnenden Menschengeistes, der die musikalische Folge von Tönen unterschiedlichen Zeitmaßes zu abstrakter Wiederkehr des Gleichen formiert und so die Zeit der Musik für sich setzt. Hegel unterscheidet ferner gerade und ungerade Taktarten; eine Differenzierung, die davon abhängt, ob die Zeiteinheiten auf binärer oder ternärer Zählung beruhen. So ist der 4/4 Takt als gerader Takt durch zwei zu teilen, der 3/4 Takt einzig durch drei oder eins teilbar. Im 6/8 Takt berühren sich die Prinzipien der Einteilung. Er gliedert sich in zwei mal drei Achtelnoten. Hegel unterstreicht die Freiheit der Binnengestaltung des Taktes, wodurch ein 3/4 Takt z.B. auch aus zwei Viertelnoten und zwei Achteln oder einer halben und einer Viertelnote, nicht aber stets nur aus genau drei Vierteln bestehen darf.

Die letzte quantitative Bestimmtheit der Musik gründet ihre Existenz genau in dieser soeben charakterisierten Freiheit in der Ausfüllung des Taktes. Durch den Rhythmus tritt nämlich, dieser Freiheit zum Trotz, das Ordnungsprinzip des Taktes deutlich hervor. Der Rhythmus betont bestimmte Abschnitte eines Taktes, die hierdurch zu guten Taktteilen, in Absetzung von den unbetonten oder schlechten Taktteilen, werden. So zeigen 4/4 und 6/8 Takte ihre binäre oder gerade Natur durch eine zweifache Hebung oder Akzentuierung an.[294] Bereits im Abschnitt zur Vokalmusik war die Freiheit des musikalischen Rhythmus von dem des Textes postuliert worden. Dies betrifft in noch stärkerem Maße das Verhältnis von Akzenten in der Melodie und rhythmischen Hebungen innerhalb des Taktes. Hier kann sich der Unterschied der Akzentuierung bis zur Gegenläufigkeit der Synkopen verschärfen, wie sie bspw. in der Jazzrhythmik dominieren.[295]

---

[294] Anm. d. Verf.: Hegel verwendet für Betonung den Begriff „Arsis" (AE II, S. 286//SU III, S. 168.). Interessant ist, das ἄρσις zwar Hebung bedeutet, damit jedoch in griechischer Metrik keine Betonung gemeint war, sondern das genaue Gegenteil. Man tippte im Rhythmus der Verse mit dem Fuß. Das Auftippen oder -setzen, die θέσις war die Betonung mit dem Fuß, die Arsis der unbetonte oder schlechte Taktteil. vgl. u.a. v. Wilpert, Gero, Sachwörterbuch der Literatur, Kröner, Stuttgart, 1989, S. 52.

[295] vgl. zur *syncopated music* des Jazz u.a.: Moser, a.a.O., S. 46.

Damit möchte ich die Anmerkungen zu den quantitativen Bestimmtheiten des musikalischen Materials beenden und mich den zentralen Definitionen in Hegels Harmoniekapitel zuwenden.

3.3.2. Harmonik

Hegels Bemerkungen zur Harmonie unterscheiden sich stark von jenen Harmonielehren, mit welchen bspw. der angehende Musikwissenschaftler operiert.[296] Er nähert sich den zentralen Begriffen des Intervalls, der Tonleiter, der Tonart und des Akkordes vom Standpunkt des Philosophen, nicht aber des Musikers, des Musikologen oder Komponisten. Dieser Mangel an musikalischem Eingeweihtenwissen bedingt die größere Allgemeinheit der Hegelschen Aussagen. Obwohl Hegel fast entschuldigend auf diesen Umstand hinweist, hat gerade die Allgemeinheit unleugbare Vorteile. So stellt philosophische Musikästhetik häufig genaue Überlegungen zum Wesentlichen eines Phänomens an, aus denen sich Begriffsdefinitionen für eben diese Erscheinungen ergeben. Viele rein musikalische und weitaus detailliertere Beschreibungen bleiben hingegen derartige Vorüberlegungen und Definitionen schuldig, da sie derart grundlegende Termini schlichtweg voraussetzen. Hegel äußert sich zwar nicht detailliert, etwa zu den diversen Tonartencharakteren, wohl aber liefert er die allgemeinsprachliche Erklärung, was überhaupt eine Tonart ist. Wie ich bereits im Vorangegangenen angemerkt habe, gehört die Instrumentenkunde, also die Beschäftigung mit den diversen Prinzipien der Klangerzeugung, nicht eigentlich in den Bereich der Harmonielehre. Da ich deren Beschreibung im Kontext des Kapitels zum Material der Musik abgehandelt habe, werde ich mich hier einzig den zu Beginn dieses Abschnitts genannten vier Erscheinungen und deren Begriffen widmen.

Die Intervalle stellen sich als Töne bestimmter Schwingungszahl in ihrem Abstand und Verhältnis zu anderen Töne dar. Die Schwingungszahl dependiert, wie schon in der Antike durch Pythagoras entdeckt wurde, bei Saiten gleicher Stärke von der Länge derselben. Teile ich z.B. die Saite des Monochords mittig, also im Verhältnis 1/2, so erklingt bei genau gedoppelter Frequenz die Oktave zum Grundton der Saite. Jeglicher Ton bestimmter Schwingungszahl läßt sich in seinem

---

[296] Anm. d. Verf.: So fehlen bei Hegel Überlegungen zu Notationstechnik, Modulation und Satztechnik etc.; vgl. Wolf, Erich, Die Musikausbildung. Bd. II Harmonielehre, Breitkopf & Härtel, Wiesbaden, 1977, S. VII-XIII.

Verhältnis zum jeweiligen Grundton als Bruch, in mathematischer Schreibweise darstellen. Die Schreibung bildet das Bezogensein zweier Töne aufeinander ab; die graphische Abbildung zeigt somit das jeweilige Intervall. Von Interesse ist bei Hegels Überlegungen zum Intervall vor allem die Art und Weise, in der jener zu einer alten, innermusikalischen Fragestellung Position bezieht. H. J. Moser spricht in seiner *Musikästhetik* von der „ästhetisch [...] entscheidenden Frage",

> ob diese mathematisch-physikalischen Verhältnisse wirklich auf die Tatsachen der Musik einen Einfluß auszuüben vermögen, oder nicht bloß rechnerisch einen Parallelismus darstellen.[297]

Hegel teilt seine Antwort zu dieser Frage auf. Bezogen auf das hörende Subjekt unterstreicht er die bloße Parallelität des musikalischen Phänomens zu dessen mathematischer Abbildbarkeit:

> Hören wir nun aber dergleichen Töne, so ist die Empfindung dieses Vernehmens etwas von so trockenen Zahlenverhältnissen ganz Verschiedenes; wir brauchen von Zahlen und arithmetischen Proportionen nichts zu wissen[298].

Bezieht Hegel seine Antwort jedoch auf den Ton als solchen, macht er unmißverständlich klar, daß die Frequenz, also die Anzahl von Schwingungen über Zeit, die schlechthinnige Grundlage jeder tonalen Bestimmtheit abgibt. Wir erleben demnach ein mathematisch-physikalisches oder besser akustisches Phänomen losgelöst von dessen akustischer Natur in rein subjektiv-emotionaler Weise. Zum Abschluß der Betrachtung des Intervalls differenziert Hegel jene Intervalle, die aufgrund der Einfachheit ihrer spezifischen Verhältnisses „unmittelbar zusammenstimmen [...]"[299], ein Beispiel wäre die Oktave mit 1/2, von jenen, deren Verhältnis komplexer ist, wie etwa die Sekund oder die Sept.

Die Tonleiter, deren Begriffsbestimmung sich Hegel als nächstes widmet, stellt sich als die Abfolge der Töne in Entsprechung zur Art

---

[297] Moser, S. 24.
[298] AE II, S. 293//SU III, S. 178.
[299] AE II, S. 294//SU III, S. 179.

ihrer Verhältnisse dar. Alle Intervalle zusammen bilden eine Ganzheit mit innerer Notwendigkeit, welche die Intervalle in ihrer Reihenfolge bestimmt. Von der Einheit des Grundtones mit sich in der Prim bis zu dessen neuerlicher Einheit mit sich in der Oktav führt die Skala, die Leiter der Töne hinauf.

Indem nun jeder Ton einer Skala selbst zur Tonika, zum Grundton einer neuen Leiter von Tönen zu werden imstande ist, entsteht das System der Tonarten. Diese sind aufgrund ihrer Teilung in Dur und Moll (das harte und das weiche Tongeschlecht) sowie nicht zuletzt auch wegen des ungleichen Charakters der Grundtöne und somit auch der daraus sich ergebenden Skalen, bezüglich ihrer Einsetzbarkeit und ihres Ausdruckspotentiales unterschieden.

Stellen sich die Tonleitern der diversen Tonarten als von abstrakter Notwendigkeit bestimmte Abfolgen dar, so geht es bei dem System der Akkorde, dem Hegel sich als dem letzten Punkt seiner Harmoniebetrachtung widmet, um einen konkreten Zusammenklang. Dies bedeutet, „verschiedene Töne haben sich zu ein und denselben Tönen zusammenzuschließen"[300]; aus C-E-G erklingt C-Dur, aus C-Es-G hingegen C-Moll. Die verschiedenen Akkorde lassen sich, so Hegel, in die konsonierenden, welche entweder auf dem Dur oder dem Moll Dreiklang basieren und die dissonierenden, welche dem Dreiklang die Septime oder die None hinzufügen, unterteilen. Gemeinhin spricht der Musiker auch von Drei- und Vierklängen.[301] Letztere geben der Musik die größere Spannung, den „Spannungsklang" und nicht „Mißklang"[302] der Dissonanz, welcher sich durch das Fortschreiten zu Gegensatz und Widerspruch entwickelt. Da die Gegensätze aber Gegensätze in einer Totalität des Tönens sind, bleiben sie nicht unvermittelt nebeneinander. Sie fordern durch sich selbst ihre neuerliche Auflösung und Rückführung zur Konsonanz des Dreiklangs. Das eigentlich Musikalische gründet in jenem Spannungs- und Entspannungsfeld des mit sich Identischen, daß zu seinem Gegensatz und Widerspruch sich entzweit und aus dieser Entzweiung heraus zur anfänglichen Identität mit sich selbst zurückkehrt.

Bevor ich zum letzten Kapitel meiner Arbeit übergehe, möchte ich noch die Prinzipien des Melodischen, wie sie sich im Denken Hegels darstellen, zusammenfassen.

---

[300] AE II, S. 295//SU III, S. 181.

[301] Anm. d. Verf.: Es gibt auch dissonierende Dreiklänge; diese stellen jedoch eher die Ausnahme dar.

[302] vgl. zur Bedeutung des Begriffes Dissonanz: Moser, a.a.O., S. 66.

3.3.3 Melodik

Der Bereich des Melodischen stellt eine Vereinigung der zuvor erörterten Mittel musikalischer Expression dar. Erst hier zeigt sich die eigentliche musikalische Kunst, da weder Takt, noch Skala, noch harmonisches Verhältnis für sich genommen Musik im Vollsinne, sondern vielmehr deren materiale Grundlagen sind. Es ist das Melodische, durch das sich die Empfindungen äußern. Melodie wird zum Medium, zur Sprache, in der sich die Seele für eine andere Seele, den Rezipienten ausspricht. Mit Hegels Worten: „Das freie Tönen der Seele im Felde der Musik ist erst die Melodie".[303] Auch im Kontext seiner Gedanken zur Melodik betont Hegel die Insuffizienz seiner Kenntnisse. Er schränkt daher seine Aussagen auf einige interessante Aspekte ein. Wichtig erscheint vor allem die Beobachtung, nach der die Melodie frei ist. Sie emanzipiert sich vom Diktat des Rhythmischen und den Vorgaben der Harmonie. Dennoch ist dies nur eine Seite des Phänomens, denn andererseits existiert sie einzig aufgrund des Vorhandenseins ihrer besonderen musikalischen Ausdrucksmittel; der Bestimmtheit musikalischer Zeit und der Bestimmtheit des Tonmaterials. Daher ist sie frei und zugleich nicht frei. Dies ist allerdings so wenig ein Widerspruch wie ein Mangel, da die Freiheit, über die sie nicht verfügt, keine Freiheit im eigentlichen Sinne darstellt. Es handelt sich um die negative Freiheit der Willkür. Da die Melodie ihr Dasein in und durch die Gesetzmäßigkeiten der Harmonie hat, ist das bloß Willkürliche negiert. Der Gedanke, den Hegel an dieser Stelle seiner *Vorlesungen* entwickelt, ist geradezu ein Grundmoment Hegelscher Philosophie überhaupt. Absolute Freiheit erscheint gestaltlos und unkonkret. Die Freiheit, alles zu tun, jenes willkürliche dies oder das, ist keine wahre Freiheit. Solche schafft sich selbst ein System von Freiheitsbestimmungen; sei es im Staat, in der Gesellschaft, im Bereich ganz abstrakter und grundlegender Rechtsverhältnisse oder auch in der Geschichte. Wahre Freiheit stellt sich somit als Freiheit in von ihr selbst abgesteckten Grenzen dar. Die Freiheit allein schafft sich die Regeln, die sie mit Notwendigkeit befolgen muß. Diese hier nur anfänglich skizzierte Dialektik von Freiheit und Notwendigkeit bestimmt weite Teile des Hegelschen Systems. Auch das Melodische als eigentlicher Bereich der Musik hat sein Dasein in der wahren, „durch [...] Notwendigkeit erst gehaltvollen Freiheit".[304] Hegel schreibt hierzu:

---

[303] AE II, S. 299//SU III, S. 185.
[304] Moos, a.a.O., S. 24.

Denn die echte Freiheit steht nicht dem Notwendigen als einer [...] unterdrückenden Macht gegenüber, sondern hat dies Substantielle als das ihr selbst einwohnende, mit ihr identische Wesen, in dessen Forderungen sie deshalb *so* sehr nur ihren eigenen Gesetzen folgt [...], daß sie [...] in dem Abgehen von diesen Vorschriften [...] sich selber ungetreu werden würde.[305]

Hängt nun einerseits die Melodie von jenen Freiheitsbestimmungen ab, so haben diese andererseits ein konkretes Dasein, ihre Wirklichkeit einzig im Dasein der Melodie als deren vereinigender Realisierung. Je vollendeter die Vermittlung der melodischen Freiheit und der harmonischen und rhythmischen Notwendigkeit, um so größer ist die Leistung des Komponisten oder der Wert des musikalischen Opus. Hegel betont das Kämpferische dieser Vermittlung, indem er schreibt:

Es ist dies ein Kampf der Freiheit und Notwendigkeit: ein Kampf der Freiheit der Phantasie, sich ihren Schwingen zu überlassen, mit der Notwendigkeit jener harmonischen Verhältnisse, deren sie zu ihrer Äußerung bedarf und in welchen ihre eigentliche Bedeutung liegt.[306]

Neben dem allgemeinen Charakter des Melodischen geht es Hegel in seiner Darstellung auch um die möglichen Besonderungen des allgemeinen melodischen Prinzips. Deren erste ist die einer, durch große Einfachheit gekennzeichneten harmonikalen Grundlage. Die Zahl verschiedener Lieder, die vermittels einfacher, konsonierender Akkorde zu begleiten sind, ist Legion. Die Akkorde bilden einen ‚Raum', in dem sich die Melodien frei zu bewegen imstande sind. Die Harmonie tritt hinter der Melodie zurück bzw. das Melodische erfährt eine starke Aufwertung.[307] Es bedarf zur Einheit des Zusammenklangs keiner vorherigen Vermittlung zum Gegensatz der Dissonanz, was im Falle sol-

---

[305] AE II, S. 299f.//SU III, S. 186f. (Hervorhebungen vom Herausgeber)
[306] AE II, S. 301//SU III, S. 188.
[307] Anm. d. Verf.: Diese Höherwertung der Melodie fällt, als musik(ästhetik)geschichtliches Phänomen, genau in die Zeit Hegels; gemeint ist das spätere 18. und das 19. Jahrhundert. Im Bereich des Kunstliedes, um den es hier in erster Linie geht, wäre z.B. an die Lieder Reichardts zu denken, den Hegel in seinen Vorlesungen namentlich erwähnt (AE II, S. 288//SU III, S. 171).

cher Lieder, die auf derartiger harmonischer Einfachheit basieren, die Gefahr der Belanglosigkeit und Trivialität in sich schließt. Dennoch sind viele Liedermelodien, ungeachtet der simplen harmonischen Basis, von großer expressiver Tiefe.

Die zweite Besonderung des Melodischen, auf die Hegel eingeht, ist keine lineare Melodie vor der Folie einer einfachen Harmonie. Es handelt sich um kontrapunktische, polyphone Satzarten, wie im Falle vierstimmiger Choräle. Hier gibt der cantus firmus, sozusagen die Oberstimme, zwar die eigentliche Melodie vor; die übrigen drei Stimmen erscheinen jedoch nicht als bloßes Beiwerk, „sondern haben melischen Eigenwert".[308] Als Stimmen von beinahe gleicher Eigenständigkeit wie die Hauptstimme erschöpft sich ihre Funktion nicht darin, einen begleitenden, harmonischen Hintergrund für die Melodie zu stellen. Vielmehr entsteht mit jedem neuen Ton einer Einzelstimme ein neuer Akkord, da stets die vier Stimmen gemeinsam erklingen. Das Harmonische und Melodische erscheinen somit untrennbar verbunden.

Bei Hegels abschließenden Bemerkungen zum Wesen des Melodischen fühlt man sich an die vorangegangenen Überlegungen zur Zeit der Musik und des Subjektes erinnert. Das Subjekt macht sich die Zeit zu eigen. Es formt das Verfließen der Musik zu deren konkreter ‚Zeitgestalt' im erinnernden und erwartenden Bewußtsein. Diese Forderung größerer Konkretion, der Mannigfaltigkeit des qualitativ Verschiedenen in seiner dauernden Abfolge gegenüber, betrifft auch die Melodie. Prinzipiell verfügt diese über unbegrenzte Möglichkeiten der Expression. Diese prinzipielle Schrankenlosigkeit birgt jedoch die Gefahr, daß sich die Melodie darin verliert. Sie muß daher stets das „eigentlich Melodische, Sangbare"[309], die konkrete Melodiegestalt gegen die unendlichen Möglichkeiten der Variation behaupten. Je mehr sie als konkretes Ganzes von bestimmter Dauer und somit festgelegtem Beginn und Ende erscheint, um so mehr entspricht sie der reflexiven Subjektivität, die gerade durch die Melodie, das „freie Tönen der Seele"[310] zum angemessenen Ausdruck kommen soll.

---

[308] Nowak, Hegels Musikästhetik, S. 142.
[309] AE II, S. 302//SU III, S. 189.
[310] AE II, S. 299//SU III, S. 185.

3.4. Hegels Begriff der Musik als „kadenzierte Interjektion"

Bevor ich mit meiner Darstellung Hegelscher Ästhetiktheorien im Allgemeinen und dessen Musikästhetik im Speziellen zu Ende komme, möchte ich mich abschließend der Wesensbestimmung musikalischer Kunst durch Hegel zuwenden. Jener Versuch Hegels, einen „Allgemeinbegriff für Musik"[311] zu prägen, oder besser Hegels Vorschlag eines derartigen Begriffes, hängt eng mit dessen Konzeption des Erscheinens romantischer Idealität in der musikalischen Kunst zusammen. Man kann durchaus sagen, daß Hegel die Art und Weise, in der das Ideal in der Musik verwirklicht ist, auf eine Formel bringt, die einer Wesensbestimmung der Tonkunst gleichkommt. Im philosophischen Sprachgebrauch der Antike meint Wesen dasjenige an einem Gegenstand, was dessen Dasein prinzipiell in all seinen Aspekten verstehbar macht; eben „das was es war zu sein" (τὸ τι ην ειναι).[312] Das „zu" in der Formulierung deutet bereits auf den zweckbezogenen oder funktionalen Aspekt der Wesensbestimmung hin. Es ist wesentlich für eigentliche oder wirkliche musikalische Kunst, künstlerische Aufbereitung des Empfindungslautes zu sein: „dieses Was" (τοδη τι)[313] der Musik ist die „kadenzierte Interjektion"[314]. Werner Heister, der in einem Aufsatz die Tauglichkeit dieser Hegelschen Begriffsschöpfung zur Wesensbestimmung der Musik beurteilt, schreibt darüber: „Sie ist [...] Inbegriff von Musik und enthält so [...] in nuce das, was Musik ausmacht".[315] Bereits im Zusammenhang unserer Darstellung des klassischen Ideals hatten wir, als eine primäre Bestimmung, die Ruhe desselben vorgestellt; jenes Herausgehobensein aus den Verwicklungen kontingenten Daseins und jene göttliche Heiterkeit der Selbstbehauptung in allem Leiden und Vergehen: das ständige ‚darüber' in allem ‚darinnen'. Im Falle des Ideals der Klassik zeigt sich die Ruhe des Ide-

---

[311] Heister, Hanns-Werner, Kadenzierte Interjektion. Taugt Hegels Formel als Allgemeinbegriff für Musik?, in: ders., Heister-Grech, Karin, Scheit, Gerhard (Hrgg.), Zwischen Aufklärung und Kulturindustrie. Festschrift für Georg Knepler zum 85. Geburtstag. III Musik/Gesellschaft, van Bockel, Hamburg, 1993, S. 11.

[312] Ricken, Friedo, Philosophie der Antike, Kohlkammer, Stuttgart, 1988, S. 125. Anm. d. Verf.: Beide auf dieser Seite exemplarisch eingeführten griechischen Begriffe entstammen der metaphysisch-ontologischen Terminologie des Aristoteles.

[313] ebd. S, 122.

[314] AE II, S. 273//SU III, S. 151.

[315] Heister, a.a.O., S. 13.

als bspw. im Antlitz der Skulpturen. Ich hatte zur Verdeutlichung des Gemeinten auf die Laokoon-Gruppe verwiesen. Das kreatürliche Geschrei angesichts drohender Vernichtung wird zum gefaßten Seufzen gemildert. Bereits im Zuge dieser Vorstellung klassischer Idealität hatte Hegel auf innermusikalische Beispiele, u.a. den Lachchor in Webers *Freischütz* verwiesen. Trauer und Heiterkeit, die sich in der Weise des Herausplatzens oder –brechens kundtun, entsprechen laut Hegel nicht der kunstgemäßen Äußerung von Empfindungen. Wie aber sieht nun eine der Kunst entsprechende Emotionsäußerung aus? Hegel beschreibt sie an einer Stelle der Vorlesungen folgendermaßen:

> Die Musik [...] muß den Ausdruck der Empfindungen nicht als Naturausbruch der Leidenschaft wiederholen, sondern das zu bestimmten Tonverhältnissen ausgebildete Klingen empfindungsreich beseelen und insofern den Ausdruck in ein erst durch die Kunst und für sie allein gemachtes Element hineinheben, in welchem der einfache Schrei sich zu einer Folge von Tönen, zu einer Bewegung auseinanderlegt, deren Wechsel und Lauf durch Harmonie gehalten und melodisch abgerundet wird.[316]

Es ist ohne weiteres möglich, in diesem kunstgemäßen Ausdruck eine Distanzierung vom bloß Natürlichen oder sogar eine Art Befreiung zu erkennen. Im Naturschrei zeigt sich die Subjektivität ganz unter dem Einfluß der Empfindung des Schmerzes oder der Freude. Subjekt und Emotion sind einander unmittelbar. Erfaßt nun das Subjekt die Emotionsäußerung in künstlerischer Weise, sei es als selbst musikschaffendes Individuum, sei es als Rezipient musikalischer Kunst, so ist diese Unmittelbarkeit aufgehoben. Durch die Umbildung bzw. Umformung der Empfindung qua musikalischer Mittel wird das zuvor dem Subjekt Unmittelbare vermittelt. Es erscheint mittelbar und somit in Distanz zur Subjektivität, die zuvor sklavisch in der emotionalen Situation befangen war. Die bloße Interjektion, das „Oh!", „Ach!" oder „Weh!" usw. wird kadenziert, i.e. in musikalischen Verhältnissen aufgehoben.[317] ‚Aufgehoben' ist hier natürlich nicht als Negation, sondern

---

[316] AE II, S. 307//SU III, S. 197.
[317] Anm. d. Verf.: Nur wenige Dinge im Bereich der Musik gestalten sich für den Laien schwieriger, als eine eindeutige und v.a. knappe Definition des Kadenzbegriffes vorzulegen. Dies liegt nicht zuletzt an dem häufigen Bedeutungswandel, den der Terminus im Laufe der Musikgeschichte erfahren hat. Generell fungieren Kadenzen (Tonschlüsse) als eine Art musikalischer

vielmehr, in jenem Hegelschen Sinne, als konservierendes Bewahren in oder auf einer höheren Stufe der fortschreitenden dialektischen Entwicklung aufzufassen. Es ist nicht passivisches aufgehoben-Werden, sondern hat ein aktivisches Moment. Wie die Kunst, die nicht bloß von Religion oder Philosophie aufgehoben wird, sondern vielmehr sich in jenen höheren Stufen der vorstellenden und denkenden Vergegenwärtigung des Absoluten aufhebt. Werner Heister hat eine nach meinem Dafürhalten sehr passende Metapher für diesen Zustand gefunden. Er schreibt über Hegels musikalischen Allgemeinbegriff:

In Musik als „kadenzierter Interjektion" wird der Naturlaut in der Tonkunst, die Interjektion in der kadenzierten Interjektion aufgehoben wie der Käfer im Bernstein.[318]

Satz(end)zeichen. So schließt mit der Kadenz „entweder der ganze Satz oder ein Theil desselben"; vgl. Koch, Heinrich Christoph, Versuch einer Anleitung zur Composition. Reprographischer Nachdruck der Ausgabe Rudolstadt 1787 mit einem ausführlichen Register zu allen drei Bänden, Georg Olms, Hildesheim, 1969, Bd. I, S. 243. Weitere Bedeutungen von Kadenz sind u.a. Verzierung, Triller (laut Rousseau eine falsche Gleichsetzung) oder Fermate als Ruhepunkt innerhalb, oder auch am Ende des Stückes; vgl. auch: Jeitteles, Ignaz, Ästhetisches Lexikon, Georg Olms, Hildesheim, 1978, S. 121 sowie: Schmalzried, Siegfried, Mahlert, Elke, Sunters, Bernd, Kadenz, Tübingen, 1974, in: Eggebrecht, Hans Heinrich, Riethmüller, Albrecht (Hrgg.), Handwörterbuch der musikalischen Terminologie. Ordner III F-L, Franz Steiner, Stuttgart, [Loseblattwerk, begr. 1972].

[318] Heister, a.a.O., S. 17. (Hervorhebungen vom Verfasser)

Schlußbetrachtung

Hegels kunstphilosophische Ansichten, wie sie dem Leser vermittelt durch die editorische Leistung Heinrich Gustav Hothos in Gestalt der *Vorlesungen über die Ästhetik* begegnen, zeugen neben philosophisch-spekulativem Scharfsinn zugleich von einer tiefen, inneren Verbundenheit des Wissenschaftlers mit dem Gegenstand seiner forschenden Annäherung. Es gelingt Hegel, nicht zuletzt aufgrund dieser Verbundenheit, seinen Schönheitsbegriff des Ideals als der Idee des Schönen zu formulieren, aus dem er die Kunsthistorie in beinahe allen Aspekten mit Notwendigkeit auszufalten vermag. Mit gleicher Notwendigkeit folgt aus dem Begriff klassischer Idealität und dem systematischen Ort der Kunst im System, als erster Stufe des Erscheinens absoluter Geistigkeit, jener Höhepunkt der Kunstentwicklung im alten Griechenland, als Kunst das adäquate Dasein des Absoluten in der Immanenz bedeutete. Das dieser verflossene Zenith der Kunst keinesfalls deren Absterben und Vergehen und somit die Sinnlosigkeit weiterer Kunstausübung bedeuten muß, hat u.a. die Revision der These vom "Tod der Kunst" durch Carter gezeigt.

Nach meiner Auffassung ist es möglich, die Entwicklung der Ästhetik als eines Teils der philosophischen Wissenschaft vom absoluten Geist in graphischer Form anzudeuten, um gleichermaßen die singuläre Klimax der antiken Kunstreligion und dem zum Trotze die Weiterentwicklung der Kunst zu höheren Seinsstufen anzudeuten.

Ich möchte diese graphische Darstellung im nunmehr Folgenden einführen und erläutern.

Sphäre des absoluten Geistes im System der Philosophie:

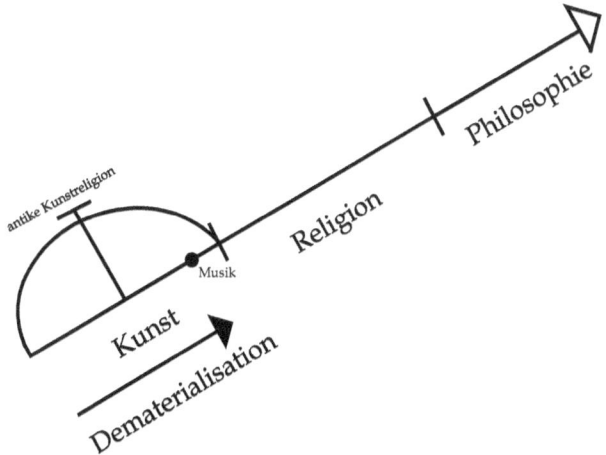

Ich möchte diese Graphik kurz erläutern: Einer Interpretation der Grundgedanken Hegelscher Ästhetik zufolge vollzieht sich im Verlaufe der Kunstentwicklung eine zunehmende „Dematerialisation".[319] Hierbei folgt die Kunst der gesamten Systementwicklung hin zum reinen Denken. In der Sphäre des reinen Gedankens der spekulativen Philosophie kommt letztlich das Absolute zu sich selbst. Als Kunst des klassischen Ideals der totalen Verbundenheit von Gehalt und Gestalt hat selbige ihren Hochpunkt im alten Griechenland. Als Kunst des romantischen Ideals der Subjektivierung und Verinnerlichung strebt sie im Sinne der Dematerialisation hin zu Höherem. Dies ist zunächst die religiöse Vorstellung und schließlich die Philosophie in jenem spezifisch Hegelschen Sinne, in der die Kunst, wie auch der Bereich des Religiösen, schließlich sich aufhebt und aufgehoben wird, wie mit ihr alle vorherigen Stufen der fortschreitenden Dialektik des Systems. – Soviel mag an diesem Punkte genügen. –

Die oben charakterisierte Verbundenheit Hegels mit seinem Gegenstand findet sich auch und teils stärker in seinem Verhältnis zur Musik.

---

[319] Markus, a.a.O., S. 231: „Auf diese Art wird in Hegels idealistischem System der Künste das Prinzip der [...] Dematerialisation [...] angewandt, wonach der Dichtkunst, [...] – ähnlich wie in der Kantischen Klassifizierung der Künste – der höchste Rang zuerkannt wird."

Anders als es bspw. bei Kant der Fall war, erscheint es unmöglich, bezogen auf Hegels Verhältnis zur Musik von einer Unempfindlichkeit zu sprechen. Musik und allgemein Kunst waren fester Bestandteil seiner Lebensführung. Um nur einen Beleg für diese Verehrung der Kunst zu liefern, sei an die Briefe Hegels an seine Frau erinnert, die dieser anläßlich seiner Wienreise im Jahre 1824 schrieb und in denen er, neben zahlreichen Schilderungen von Gemäldegalerien und anderen Kunstsammlungen, auch von den beinahe allabendlichen Opern- und Konzertbesuchen berichtet. So schreibt er schon am Tag seiner Ankunft an die daheimgebliebene Gemahlin: „So lange das Geld, die italienische Oper und die Heimreise zu bezahlen, reicht – bleibe ich in Wien!"[320] Günther Mayer sieht in diesem Interesse Hegels an der Musik und dem Erlebnis derselben ein „Moment [...] umfassenden Interesses für die Totalität des Wirklichen, darunter der Künste".[321] Man könnte durchaus, um einmal ein Diktum des großen Filmtheoretikers Roland Barthes zu bemühen, bezogen auf Hegels Interesse des Philosophen an der Gesamtheit der Künste und Insonderheit der musikalischen Kunst, von einer „amourösen Distanz"[322] sprechen; eine Begriffsbildung, die als ein Spezifikum des Verhältnisses, das sie umschreibt, die Wahrung der wissenschaftlich gebotenen Objektivität und Sachlichkeit bei zugleich vorhandener, unleugbarer, liebhaberischer Faszination des Wissenschaft treibenden Subjekts für den Gegenstand seines Interesses betont. Dieser Abstand in aller Verehrung ist nicht zuletzt Möglichkeitsbedingung für die profunden Einsichten Hegels in das Wesen der Kunst. Daß dennoch die kunstkritischen Aussagen Hegels, verglichen mit dessen ästhetisch-systematischen Thesen, oftmals hinter diesen zurückbleiben[323], schwächt kaum die Gesamtwirkung der *Vorlesungen* ab. Sie offenbaren sich in ihrer Gesamtheit als „Fülle brillanter Einzelanalysen"[324]. Dieses Urteil schließt auch die Musikästhetik Hegels mit ein. In ihr begegnet dem Leser oder Hörer, da Hegel seine

---

[320] Hegel an seine Frau, Wien, 21. September 1824, in: Hoffmeister, Johannes (Hrg.), Briefe von und an Hegel. Band III: 1823-1831, Meiner, Hamburg, 1961, S. 55.

[321] Mayer, S. 152f.

[322] Barthes, Roland, Beim Verlassen des Kinos, in: Filmkritik, 20. Jahrgang, 7/76, S. 293.

[323] vgl. hierzu Zander, a.a.O., S. 23. Anm. d. Verf.: Hegel verweist an mehreren Stellen seiner Vorlesungen auf seinen Mangel an Expertenwissen. Er ist Philosoph, dem es aus universalwissenschaftlichem Interesse um Kunst zu tun ist und gerade nicht der empirisch umfassend gebildete Kunsthistoriker, oder wie Hegel selbst sagen würde, „Kunstgelehrte" mit seinen weitverzweigten Kenntnissen.

[324] Hösle, a.a.O., S. 589.

Ästhetik in Vorlesungs- und eben nicht in Buchform konzipierte, ein „tiefes Verständnis für Musik".[325] Ein Verständnis, das weder durch die Tatsache, daß Hegel sich selbst wiederholt als eine Art von interessiertem Laien charakterisierte und sich im gesamten Musikkapitel keine einzige Notenabbildung finden läßt, noch durch die teils scharfe Kritik an einzelnen Thesen des Philosophen von bspw. musikwissenschaftlicher Seite, geschmälert wird. Im Gegenteil sind es gerade die allgemeinsprachlichen, nicht fachterminologisch überfrachteten Aussagen, die den Leser Hegelscher Ästhetik aufgrund der Schärfe der Beobachtung und der Treffsicherheit, das Beobachtete auszudrücken, in Erstaunen versetzen. Dennoch bleiben Fragen zu Hegels Ästhetik allgemein und zur speziell musikbezogenen Kunstphilosophie offen, deren Klärung dem Verfasser im Rahmen dieser Untersuchung nicht möglich waren; eine Unmöglichkeit, die in dem Umstand begründet liegt, daß viele Fragen erst gegen Ende der Bearbeitung konkrete Gestalt annahmen. Auf diese Fragen und Probleme möchte ich nunmehr zum Abschluß meiner Erörterungen kurz eingehen.

Viele Sekundärtexte zu Hegelscher Ästhetik setzen einen Punkt der Entwicklung des Hegelschen Kunst-Denkens absolut. Selbstredend sind die *Vorlesungen* die bedeutendste und umfangreichste Äußerung Hegels zu den Problemen des Bereiches der Kunst. Dennoch beinhaltet auch die *Enzyklopädie der philosophischen Wissenschaften* eine große Zahl genuin ästhetischer Paragraphen. Ein Vergleich dieser Texte mit den Thesen der *Vorlesungen*, bzw. eine umfassende Betrachtung der Gesamtentwicklung der kunstbezogenen Ansichten Hegels von dessen Jugendschriften bis zum Spätwerk steht meines Wissens, abgesehen von einigen kurzen Aufsätzen, noch aus.[326] Auch eine größere Analyse der problematischen These vom "Tod der Kunst", bzw. deren Vergangenheitscharakter in ihrem Für und Wider, erschien dem Verfasser notwendig; dies nicht zuletzt aufgrund der Tatsache, daß ein Großteil der Autoren, die sich zu jenem Substanzverlust oder jener Aufhebung der Kunst äußern, auf die immergleichen Textpassagen zurückzugreifen scheint. Auch die Behauptung der angeblichen, auf die Tradition der aufklärerischen Philosophie zurückgehenden, starken Abwertung der Instrumentalmusik einer textverbundenen Vokalmusik gegenüber, scheint nach meinem Dafürhalten vor der Folie verschiedener Aussagen Hegels in dieser scharfen Form nicht haltbar. Fest steht meines Erachtens zwar die deutliche Abwertung der reinen oder absoluten In-

---

[325] Moos, a.a.O., S. 18.
[326] Anm. d. Verf.: Exemplarisch sei hier noch einmal auf den Aufsatz von Annemarie Gethmann-Siefert verwiesen.

strumentalmusik; nicht aber dieser Daseinsform des Musikalischen schlechthin. Ich verweise hier auf die, im Abschnitt zur Instrumentalmusik eingeschalteten Zitate aus den *Vorlesungen*.

Als letztes möchte ich ein Problem ansprechen, dessen Lösung ebenfalls eine umfangreiche Bearbeitung des biographischen Materials, der Briefe und sonstiger Selbstzeugnisse Hegels nebst Berichten von Freunden oder Zeitgenossen notwendig machen würde. Es geht um die Frage, welchen Kadenzbegriff Hegel für seinen Allgemeinbegriff für die Musik, den Begriff der kadenzierten Interjektion zugrundelegte. Dies scheint vor allem aufgrund des steten Bedeutungswandels, den dieser Terminus im Laufe der Musikgeschichte erfuhr, von Interesse zu sein. Welche Musiktheoretiker seiner Zeit hatte Hegel studiert? Wählte er absichtlich einen Begriff für seine Wesensbestimmung der gesamten Musik, der nicht lange Zeit vor Hegel nichts weiter als Verzierung oder Triller bedeutete? Interessant ist, daß kaum ein Theoretiker, der es sich zur Aufgabe gemacht hat, Hegel Begriffsschöpfung zu beurteilen, eine Anstrengung unternommen hat, diesen Sachverhalt zu klären; möglicherweise deshalb, weil es zweifelsohne klar ist, was der Begriff kadenzierte Interjektion für Hegel bedeutet: die Ruhe und Gelöstheit des Ideals, wie sie sich in der Musik offenbart. Als solche stellt sie eine künstlerische Distanzierung und die damit einhergehende Befreiung der Subjektivität aus der Unmittelbarkeit natürlicher Empfindungen dar, seien sie nun positiver oder negativer Art. - Wenn Hegel bspw. bei seiner Begriffsschöpfung an die Kadenz als ordnende Struktur der Musik, als innere Notwendigkeit dachte, etwa im Sinne einer authentischen Kadenz, der Bewegung von der Tonika zur Subdominante, zur Dominante um schließlich notwendigerweise zum Grundton zurückzukehren, - so bliebe die Frage, ob der Hegelsche Allgemeinbegriff für Musik dann noch Phänomene wie die atonale Musik der Dodekaphonisten erfaßt

Dies sind nur vereinzelt herausgegriffene Fragestellungen, die dennoch belegen können, daß die aufarbeitende Beschäftigung mit einer der einflußreichsten und wirkmächtigsten Ästhetiken, den Hegelschen *Vorlesungen über die Ästhetik*, bis dato noch keineswegs als abgeschlossen gelten kann.

Literaturverzeichnis

Primärliteratur

Bassenge, Friedrich (Hrg.), Hegel, G. W. F., Ästhetik (2 Bde.). Mit einer Einführung von Georg Lukács. Nach der zweiten Ausgabe Heinrich Gustav Hothos (1842) redigiert und mit einem ausführlichen Register versehen von Friedrich Bassenge, Europäische Verlagsanstalt, Frankfurt am Main, 1955.
Hegel, G. W. F., Grundlinien der Philosophie des Rechts. Werke in zwanzig Bänden. Theorie Werkausgabe Bd. 7. Auf der Grundlage der Werke von 1832-45 neu edierte Ausgabe. Redaktion Eva Moldenhauer und Karl Markus Michel, Suhrkamp, Frankfurt, 2000.
Hegel, G. W. F., Vorlesungen über die Ästhetik I, II, III. Werke in zwanzig Bänden. Theorie Werkausgabe Bde. 13, 14, 15. Auf der Grundlage der Werke von 1832-45 neu edierte Ausgabe. Redaktion Eva Moldenhauer und Karl Markus Michel, Suhrkamp, Frankfurt, 1970.
Hegel, G.W.F., Einleitung in die Ästhetik (Separatausgabe), Fink, München, 1985.
Kant, Immanuel, Kants Werke. Akademie Textausgabe Bd. V. Kritik der praktischen Vernunft. Kritik der Urteilskraft, De Gruyter, Berlin 1968.
Karelis, Charles, Hegel's Introduction to *Aesthetics*. The Introduction to the Berlin Aesthetics Lectures of the 1820s. Translated by T.M. Knox with an Interpretative Essay by Charles Karelis. The Clarendon Press, Oxford, 1979.
Vorländer, Karl (Hrg.), Kant, Immanuel, Kritik der Urteilskraft, Meiner (Philosophische Bibliothek Bd. 39a), Hamburg, 1968.

Sekundärliteratur

Althaus, Horst, Hegel und die heroischen Jahre der Philosophie. Eine Biographie, Carl Hanser, München, 1992.
Barth, Paul, Die Geschichtsphilosophie Hegels und der Hegelianer bis auf Marx und Hartmann. V. Die Entwicklung der Kunst bei Hegel und seinen Schülern, Wissenschaftliche Buchgesellschaft, Darmstadt, 1967.

Barthes, Roland, Beim Verlassen des Kinos, in: Filmkritik, 20. Jahrgang, Heft 7, 1976.

Bartuschat, Wolfgang, Ästhetische Erfahrung bei Kant, in: **Esser, Andrea**, Autonomie der Kunst? Zur Aktualität von Kants Ästhetik, Akademie, Berlin, 1995.

Biedermann, Georg, Georg Wilhelm Friedrich Hegel, Pahl-Rugenstein, Köln, 1981.

Bimberg Siegfried / Kaden, Werner / Lippold, Eberhard (Hrgg.), Handbuch der Musikästhetik, VEB, Leipzig, 1986.

Brelet, Gisèle, Le Temps Musical. Essai d`une esthétique de la musique, Presses universitaire de France, Paris, 1949.

Bubner, Rüdiger, Hegel´s Aesthetics: Yesterday and Today, in **Steinkraus, Warren E. / Schmitz, Kenneth** (Hrgg.), Art and Logic in Hegel´s Philosophy, Humanities Press, New Jersey, 1980.

Carter, Curtis L., A Re-examination of the 'Death of the Art' Interpretation of Hegel´s Aesthetics, in: **Steinkraus, Warren E. / Schmitz, Kenneth** (Hrgg.), Art and Logic in Hegel´s Philosophy, Humanities Press, New Jersey, 1980.

Coreth, Emmerich / Ehlen , Peter / Schmidt, Josef, Philosophie des 19. Jahrhunderts, Kohlhammer, Stuttgart, 1989.

Dahlhaus, Carl, Hegel und die Musik seiner Zeit, in: **ders.**, Klassische und romantische Musikästhetik, Laaber, Regensburg, 1988.

Dahlhaus, Carl, Hegels Satz vom Substanzverlust der Kunst, in: Musik und Bildung. Zeitschrift für Theorie und Praxis der Musikerziehung, 72. Jahrgang, Schott, Mainz, 1981.

Dahlhaus, Carl, Musik zur Sprache gebracht. Musikästhetische Texte aus drei Jahrhunderten. Bärenreiter/DTV, Kassel/München, 1984.

Dahlhaus, Carl, Musikästhetik, Laaber-Verlag, Laaber, 1986.

Deutsch, Erich, Schubert Thematic Catalogue of all his Works in chronological Order, Dent, London, 1951.

Dürr, Walter, Franz Schubert. Neue Ausgabe sämtlicher Werke. Lieder Bd. 4a, Bärenreiter, Kassel, 1979.

Dürr, Walter, Franz Schubert. Neue Ausgabe sämtlicher Werke. Lieder Bd. 12, Bärenreiter, Kassel, 1996.

Eggebrecht, Hans-Heinrich, Absolute Musik, in: Riemann Musik Lexikon. 12. völlig neubearbeitete Auflage in drei Bänden. Sachteil, Schott, Mainz, 1967.

Federico, Celestini, Das blicklose Auge der Klassischen Kunst. Ein Beitrag zur Klassik-Diskussion, in: Ad Parnassum. A Journal of Eighteenth and Nineteenth Century Instrumental Music. Vol. I/April 2003, Ut Orpheus Edizioni, Bologna, 2003.

Fubini, Enrico, Geschichte der Musikästhetik. Von der Antike bis zur Gegenwart, Metzler, Stuttgart, 1997.

Fulda, Hans Friedrich, Georg Wilhelm Friedrich Hegel, Beck, München, 2003.

Gethmann-Siefert, Annemarie, Die Ästhetik in Hegels System der Philosophie, in: **Pöggeler, Otto** (Hrg.), Hegel. Einführung in seine Philosophie, Alber, Freiburg, 1977.

Goldschmidt, Hugo, Die Musikästhetik des 18. Jahrhunderts und ihre Beziehungen zu seinem Kunstschaffen, Rascher, Zürich, 1915.

Gruber, Gernot / Orel, Alfred (Hrgg.), Wolfgang Amadeus Mozart. Neue Ausgabe sämtlicher Werke. Serie II Bühnenwerke, Werkgruppe 5: Die Zauberflöte, Bärenreiter, Kassel, 1970.

Haase, Rudolf (Hrg.), Der Briefwechsel zwischen Leibniz und Henfling. Ein Beitrag zur Musiktheorie des 17. Jahrhunderts, Vittorio Klostermann, Frankfurt, 1982.

Hanslick, Eduard, Vom musikalisch Schönen. Ein Beitrag zur Revision der Ästhetik der Tonkunst. Unveränderter reprographischer Nachdruck der 1. Auflage Leipzig 1854, Wissenschaftliche Buchgesellschaft, Darmstadt, 1965.

Hauskeller, Michael, Was ist Kunst? Positionen der Ästhetik von Platon bis Danto, Beck, München, 1998.

Heister, Hanns-Werner, Kadenzierte Interjektion. Taugt Hegels Formel als Allgemeinbegriff für Musik?, in: **ders. / Heister-Grech, Karin / Scheit, Gerhard** (Hrgg.), Zwischen Aufklärung und Kulturindustrie. Festschrift für Georg Knepler zum 85. Geburtstag. III Musik/Gesellschaft, van Bockel, Hamburg, 1993.

Helferich, Christoph, Kunst und Subjektivität in Hegels Ästhetik, Scriptor, Kronberg, 1976.

Henckmann, Wolfhart / Lotter, Konrad (Hrgg.), Lexikon der Ästhetik, Beck, München, 1992.

Henneberg, Gudrun, Idee und Begriff des Musikalischen Kunstwerks, Hans Schneider, Tutzing, 1983.

Henrich, Dieter, The contemporary relevance of Hegel's Aesthetics, in: **Inwood, Michael** (Hrg.), Hegel. Oxford Readings in Philosophy. University Press, Oxford, 1985.

Hoffmeister, Johannes (Hrg.), Briefe von und an Hegel. Band III: 1823-1831, Meiner, Hamburg, 1961.

Hösle, Vittorio, Hegels System. Der Idealismus der Subjektivität und das Problem der Intersubjektivität. Bd. 2 Philosophie der Natur und des Geistes, Meiner, Hamburg, 1987.

Jeitteles, Ignaz, Ästhetisches Lexikon, Georg Olms, Hildesheim, 1978.

King, Alec Hyatt, Musical Glasses, in: **Sadie, Stanley** (Hrg.), The New Grove Dictionary of Musical Instruments, Bd. 2 G to O, Macmillan Press, London, 1984.

Knox, Sir T. M., The puzzle of Hegel's Aesthetics, in: **Steinkraus, Warren E. / Schmitz, Kenneth** (Hrgg.), Art and Logic in Hegel's Philosophy, Humanities Press, New Jersey, 1980.

Koch, Heinrich Christoph, Versuch einer Anleitung zur Composition, Rudolstadt, 1787, reprographischer Nachdruck der genannten

Ausgabe mit einem ausführlichen Register zu allen drei Bänden, Georg Olms, Hildesheim, 1969.

Kroll, Erwin, Musikstadt Königsberg, Atlantis, Freiburg, 1966.

Lemacher, Heinrich / Schröeder, Hermann, Harmonielehre, Hans Gerig, Köln, 1958.

Lippman, Edward, A History of Western Musical Aesthetics, University of Nebraska Press, Lincoln, 1992.

Lissa, Zofia, Hegel und das Problem der Formintegration in der Musik, in: Festschrift für Walter Wiora, Bärenreiter, Kassel, 1967.

Markus, Stanislav A., Musikästhetik. 1. Teil. Ein Beitrag zur Geschichte der Nachahmungsästhetik und Affektenlehre sowie der idealistischen Musikästhetik in Deutschland, VEB, Leipzig, 1959

Mayer, Günter, Hegel und die Musik, in: Beiträge zur Musikwissenschaft, Nr. 3. 13. Jahrgang, 1971.

Moos, Paul, Moderne Musikästhetik in Deutschland. Historisch - kritische Übersicht, Seemann, Leipzig, 1902.

Moser, Hans Joachim, Musikästhetik, de Gruyter, Berlin, 1953.

Motte, Dieter de la, Harmonielehre, Bärenreiter/DTV, Kassel/München, 1980.

Mücke, Panja / Beise, Arndt, Böswillige Masse oder anarchische Menge, verblendet zumeist. Das Lachen des Chors in der Oper vom 17. Jahrhundert bis heute, in: **Beise, Arnd, Martin, Ariane, Roth, Udo** (Hrgg.), Lach-Arten: Zur ästhetischen Repräsentation des Lachens vom späten 17. Jahrhundert bis zur Gegenwart, Aisthesis, Bielefeld, 2003.

Müller, Ruth E., Erzählte Töne. Studien zur Musikästhetik im späten 18. Jahrhundert, in: **Eggebrecht, Hans Heinrich** (Hrg.), Beihefte zum Archiv für Musikwissenschaft Bd. XXX, Franz Steiner Verlag, Stuttgart, 1989.

Nachtsheim, Stephan (Hrg.), Zu Immanuel Kants Musikästhetik. Texte, Kommentare und Abhandlungen, Schröder, Chemnitz, 1997.

Nowak, Adolf, Hegels Musikästhetik, Gustav-Bosse, Regensburg, 1971

Oellers, Norbert (Hrg.), Schillers Werke. Nationalausgabe. Zweiter Band Teil I Gedichte in der Reihenfolge ihres Erscheinens 1799-1805, Hermann Böhlaus Nachfolger, Weimar, 1983.

Pinkard, Terry, Hegel. A Biography, Cambridge University Press, Cambridge, 2000.

Regenbogen, Arnim / Meyer, Uwe (Hrgg.), Wörterbuch der philosophischen Begriffe, Meiner, Hamburg, 1998.

Ricken, Friedo, Philosophie der Antike, Kohlkammer, Stuttgart, 1988.

Ringbohm, Nils-Eric, Über die Deutbarkeit der Tonkunst, Edition Fazer, Helsinki, 1955.

Ritter, Joachim, Ästhetik, in: **ders. / Gründer, Karlfried** (Hrgg.), Historisches Wörterbuch der Philosophie. Band 1: A-C, Wissenschaftliche Buchgesellschaft, Darmstadt, 1971.

Schmalzried, Siegfried / Mahlert, Elke / Sunters, Bernd, Kadenz, Tübingen, 1974, in: **Eggebrecht, Hans Heinrich / Riethmüller, Albrecht** (Hrgg.), Handwörterbuch der musikalischen Terminologie. Ordner III F-L, Franz Steiner, Stuttgart, [Loseblattwerk, begr. 1972].

Schneider, Hermann / Blumenthal, Lieselotte (Hrgg.), Schillers Werke. Nationalausgabe. Achter Band Wallenstein, Hermann Böhlaus Nachfolger, Weimar, 1949.

Schubert, Giselher, Zur Musikästhetik in Kants Kritik der Urteilskraft, in: Archiv für Musikwissenschaft Bd. 32, Franz Steiner, Wiesbaden, 1975.

Seidel, Wilhelm, Absolute Musik, in: **Finscher, Ludwig** (Hrg.), Die Musik in Geschichte und Gegenwart. Allgemeine Enzyklopädie der Musik. 2. neubearbeitete Ausgabe, Bd. 1 A - Bos, Bärenreiter, Kassel, 1994. (MGG)

Taylor, Charles, Hegel, Suhrkamp, Frankfurt, 1978.

Theunissen, Michael, Sein und Schein. Die kritische Funktion der Hegelschen Logik, Suhrkamp, Frankfurt, 1978.

v. Wilpert, Gero, Sachwörterbuch der Literatur, Kröner, Stuttgart, 1989.

Wieland, Renate, Zur Dialektik des ästhetischen Scheins. Studien zu Hegels Phänomenologie des Geistes, der Ästhetik und Goethes Faust II, Forum Academicum, Königstein, 1981.

Wolf, Erich, Die Musikausbildung. Bd. II Harmonielehre, Breitkopf & Härtel, Wiesbaden, 1977.

Zander, Hartwig, Hegels Kunstphilosophie. Eine Analyse ihrer Grundlagen und ihrer Aktualität, A. Henn, Ratingen, 1970.

Brockhaus Enzyklopädie in 20 Bänden. 17. völlig neubearbeitete Auflage, Brockhaus, Wiesbaden, 1966.

www.ingramcontent.com/pod-product-compliance
Lightning Source LLC
Chambersburg PA
CBHW030602020526
44112CB00048B/1180